KYLE GRAY

Glücksgefühle
FÜR DIE seele

111 Tipps für gute Schwingungen

Aus dem Englischen übersetzt
von Theda Krohm-Linke

L·E·O

L.E.O. Verlag ist ein Imprint der Scorpio Verlag GmbH & Co. KG,
herausgegeben von Michael Görden

Published by Arrangement with Hay House UK Ltd., London, UK
Die Originalausgabe ist erstmals 2015 bei Hay House Inc. erschienen.
Titel der englischen Originalausgabe: Wings of Forgiveness

© 2015 by Kyle Gray
© der deutschen Ausgabe 2016: L · E · O Verlag in der
Scorpio Verlag GmbH & Co. KG, München
Umschlaggestaltung: Torge Niemann, WRAGE
Innenlayout und Satz: BuchHaus Robert Gigler, München
Druck und Bindung: GGP Media GmbH, Pößneck
ISBN 978-3-95736-070-0

Mehr über unsere Bücher
www.leoverlag.de

INHALT

SEELENNOTIZ

Meine spirituelle Reise begann früh. Ich war erst 15, als ich offiziell in das Universum eintauchte, um Antworten und die Bedeutung des Lebens zu suchen. Jeden Tag las, schrieb und meditierte ich – es kam mir einfach ungeheuer magisch vor. Heute werde ich häufig gefragt, wie es kommt, dass ich »so hellsichtig« bin oder wie ich mir meine gute Laune erhalte. Die Antwort ist immer dieselbe: tägliche spirituelle Praxis.

Tägliche spirituelle Praxis ist der Schlüssel zur Entwicklung spiritueller Fähigkeiten, Gaben und Eigenschaften. Wenn du dir die Zeit nimmst, wirklich zu erkennen, wer du bist, deine Wahrnehmung fokussierst und meditierst, schaffst du in deinem Leben Raum zum Wachsen und ermutigst dein Herz, dich zu öffnen und dich tief mit dem Fluss des Lebens zu verbinden.

Ich stelle mir den Verstand gerne als Garten vor. Wenn du einen Garten nicht pflegst, verwildert er in einigen Ecken. Unkraut sprießt und viele der schönen Blumen werden überwuchert und verwelken. Wenn du dir aber die Zeit nimmst, dich um den Garten zu kümmern, indem du den Boden düngst, neue Pflanzen setzt und die kahlen Bereiche begrünst, dann wirst du für deinen Einsatz belohnt.

Mit deinem Verstand ist es genauso – wenn du die richtigen Samen aussäst, dann werden sie wachsen. Dein Verstand ist der Raum, in dem du spirituelle Praktiken kultivieren und deinen Körper und deine Seele miteinander verbinden kannst.

So oft haben mich Leute gefragt, die meine Bücher gelesen haben, zu meinen Vorträgen gekommen sind oder an meinen Workshops teilgenommen haben, welche Bücher, Werkzeuge, Kartendecks und Kristalle sich am besten eignen, um eine spirituelle Verbindung herzustellen. Es ist fast so, als ob die Leute glauben, es gäbe Tricks oder Abkürzungen, die ihnen helfen würden, schneller dorthin zu kommen. Aber das stimmt wirklich nicht – das ist nur eine *Illusion*.

Einer meiner Lieblings-Yoga-Meister, Sri K. Pattabhi Jois, sagte einmal: »Yoga ist zu 99 Prozent Übung und zu einem Prozent Theorie«, und damit hatte er absolut recht. Das Gleiche gilt für die Spiritualität: Wenn du eine tiefe, bedeutungsvolle spirituelle Verbindung herstellen willst, musst du üben. Dieses Buch ist eine Antwort auf all die Fragen, die mir gestellt worden sind, und ein ermunternder Tritt in den Popo, um dir bei der Entwicklung deiner täglichen spirituellen Praxis zu helfen.

In den zwölf Jahren, seitdem ich meine Reise begonnen habe, habe ich viele Gedankenschulen, Energietherapien und Meditationsarten ausprobiert. Jetzt habe ich alles, was ich gelernt habe, zusammengetragen, um dich bei deinen täglichen spirituellen Übungen zu unterstützen. Alles, was du zu tun hast, ist, meinen Fußspuren zu folgen.

In allen Zeiten haben Weise es schon immer gesagt: Die Antworten, die du suchst, liegen in dir. Du hast die Magie, die Macht, die Wunder und die Mittel – sie sind alle da, mitten in deinem Herzen. Dort wirst du finden, was du suchst. Ich bete dafür, dass dieses Buch dir als Landkarte dient, die dich zurück zum Kern deines Seins führt, damit du die Liebe erfahren kannst, die in deinem Herzen wohnt.

Mögest du den Garten deines Bewusstseins pflegen und möge der Sonnenschein deiner Seele deinen Samen wachsen lassen, um ein Leben voller Freude und Liebe zu erschaffen.

Kyle Gray, Mysore, Indien, Januar 2015

EINLEITUNG

Auf eines können sich Wahrsager und Wissenschaftler einigen: Alles im Universum besteht aus Energie. Auch du. Jetzt im Moment läuft Energie durch jede Zelle deines Körpers, durch jedes Atom der Luft, die du atmest und jeden Teil des Stuhls, auf dem du sitzt. Energie ist lebendig. Sie ist hier und jetzt. Wir bestehen aus Energie, und sie verbindet uns mit allem, was war, was ist und jemals sein wird.

Energie ist eine unterschwellige Schwingung, aber sie bewegt sich schnell. Sie ist völlig neutral, reagiert aber auf unsere Emotionen und Aktionen, und wir reagieren auf sie. Wir wissen alle, wie es ist, wenn wir in einen Raum mit »schlechter Energie« kommen. Wenn sich kurz vor unserem Kommen ein Drama auf einer Party ereignet hat, dann sagt uns unser Bauchgefühl, wir sollen uns fernhalten oder sogar gehen. Das Gegenteil erfahren wir, wenn wir »gute Schwingungen« erleben, zum Beispiel, wenn wir einen Freund treffen, den wir seit einer Ewigkeit nicht gesehen haben – dann fühlen wir uns so glücklich in seiner Gegenwart, dass wir nicht gehen wollen. In Wahrheit jedoch reagieren wir nur auf die Schwingungen um uns herum.

Das allmächtige Universum, in dem wir leben, reagiert ebenfalls auf die Schwingungen, die von uns ausgehen. Es ist so, als wäre die Welt um uns herum ein riesiger Spiegel, der jeden unserer Gedanken, unserer Emotionen und Handlungen reflektiert. Unsere Außenwelt ist eine riesige Reflexion unseres inneren Glaubens und des Glaubens derer, die im Leben um uns herum sind.

Du liest das hier jetzt, weil du die bewusste Entscheidung getroffen hast, ein bedeutungsvolleres Leben zu führen. Das Universum hat deinen Ruf gehört und ist bereit, dich auf jedem Schritt deines Weges zu unterstützen.

Um ein bedeutungsvolleres Leben, ein Leben voller Sinn, Freude und Erfüllung zu führen, musst du es zuerst einmal für möglich halten. Das allmächtige Universum will, dass wir alle in jeder erdenklichen Art erfüllt sind, aber es lässt uns auch unseren freien Willen. Wir sind auf diese Erde geschickt worden, um ein gutes Leben zu führen, aber wir müssen die Entscheidung treffen. Wenn wir unsere Schwingungen heben, wird auch unsere Außenwelt beginnen, die liebevollen Gefühle zu reflektieren, die wir im Inneren kultivieren. Wir werden ein Leben erfahren, das unsere wildesten Träume übersteigt.

Die Zeit ist gekommen. Wenn du bereit bist, hoch zu fliegen, dann musst du nur spirituell »high« werden. Ich zeige dir, wie du deine Schwingungen erhöhen kannst …

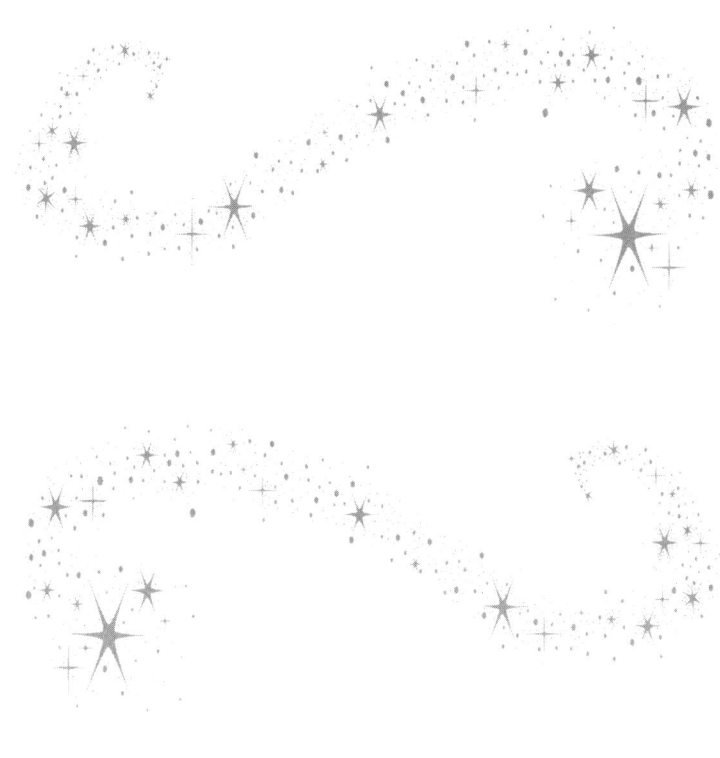

FÜHLE DIE SCHWINGUNGEN

»Energie kann nicht geschaffen oder zerstört werden,
sie kann nur von einer Form
in eine andere verändert werden.«
ALBERT EINSTEIN

Seit meiner Kindheit kann ich Dinge bei Menschen, Tieren und Orten spüren – es ist einfach da. Eigentlich kann das jeder – in der frühen Kindheit hatte jeder von uns die Fähigkeit, Veränderungen in der Atmosphäre um uns herum zu erkennen. Deine intuitive Wahrnehmung konnte Gefahr, Traurigkeit, Liebe und Lachen spüren. Bei mir war das ganz ausgeprägt. Bei mir ist es zuerst ein Gefühl, dann ganz plötzlich ein tiefes Wissen, dass etwas richtig oder falsch ist. Jahrelang wollte ich diese natürlichen Sinne ablehnen, weil sie sich unnatürlich anfühlten.

In Wahrheit jedoch ist es vollkommen natürlich zu spüren, was um uns herum vorgeht. Die meisten Menschen halten das für selbstverständlich. Das bedeutet jedoch noch lange nicht, dass wir auch danach handeln. Jeder von uns hat dieses »Ich wusste, dass das passieren würde« oder »Hätte ich doch nur auf mein Bauchgefühl gehört« schon einmal erlebt, weil wir gespürt haben, wie sich etwas änderte oder es uns einlud, uns zu ändern. Ich glaube, dieses »Etwas« ist eine Schwingung. Es ist Energie.

Seit der Highschool war ich fasziniert von östlichen Glaubenssystemen, vor allem von Hinduismus und Buddhismus. Diese wundervollen Religionen sprechen von einem Schwingungslaut, den das Universum erschaffen hat, einer Energie, die sie »Om« oder »Aum« nennen. Wissenschaftler hingegen können nicht genau bestimmen, was das Universum erschaffen hat oder woraus es besteht, und bezeichnen es vielleicht sogar als »Nichts«. Wie auch immer du es nennen willst, es ist real, es ist da und wir kennen es alle. Wir können es fühlen, weil wir ein Teil davon sind.

Höhen und Tiefen

Wir interpretieren Energie mittels unserer Gefühle. Bist du jemals zufällig in eine Veranstaltung geraten, bei der alle tanzten und lachten? Hast du jemals einfach mitlachen müssen, wenn du jemanden lachen gesehen hast? Lachen erfüllt jeden Teil deines Seins – du fühlst, wie sich dein Herz weitet, und du vergisst alle Sorgen und Nöte. Du fühlst dich lebendig. Das ist eine hohe Schwingung.

Doch wenn du weißt, dass du in Gefahr bist, spürst du, wie deine Schultern nach unten sacken und dein Kopf sich senkt, um dein kostbares Herz zu schützen. Du möchtest dich zu einem Ball zusammenrollen. Das ist eine niedrige Schwingung.

Um eine hohe Schwingung zu erkennen, müssen wir die niedrige erfahren haben. Das bedeutet natürlich nicht, dass wir darin verharren müssen. Wie können wir die Schwingung anheben?

Wie hoch ist deine Schwingung?

Obwohl Dinge im Leben passieren und die Natur ihren Lauf nimmt, können wir selbst entscheiden, wie wir uns fühlen und welche Energie wir abgeben. Jeder Gedanke, den wir denken, und jede Entscheidung, die wir treffen, bestimmt unsere Schwingung.

Ich liebe Seine Heiligkeit, den Dalai-Lama. Ich finde ihn einfach cool. Er ist ein toller Typ. Ich weiß noch, wie ich mit meiner Freundin Diane nach Edinburgh gefahren bin, um ihn zu sehen. Ich war überwältigt von seiner Präsenz. Dieser Mann reist ständig um die Welt und vermittelt jedes Jahr seine Lehren an Hunderte, Tausende, Millionen von Menschen. Und doch bewahrt er sein machtvolles Lächeln und eine Energie, die ich nur als golden beschreiben kann.

Ich weiß noch, wie ich dachte, dass es wundervoll wäre, wenn ich auch so strahlen könnte. Der Gedanke beschäftigte mich, bis mir auf einmal klar wurde, dass der Dalai-Lama sein ganzes Leben einer täglichen spirituellen Praxis gewidmet hat. Und wenn ich ebenso hell strahlen will wie er, musste ich meiner eigenen Praxis folgen.

Was ist tägliche, spirituelle Übung?

Das wollen wir erst einmal klären. Schließlich will ich nicht, dass du dich schuldig oder frustriert fühlst, bevor wir überhaupt angefangen haben. Ich weiß nämlich, dass viele Leute sich aufregen und ärgern, weil es ihnen schwerfällt, täglich zu meditieren oder am Yogakurs teilzunehmen, zu dem sie sich angemeldet haben. Ich kann euch nur sagen, mir ging es auch nicht anders! Die tägliche spirituelle Praxis (TSP) ist eine Entscheidung, die du triffst. Und es ist eine großartige Gelegenheit zu erkennen, dass du mehr als nur ein Körper bist.

Es kann eine frei gewählte Zeit jeden Tag sein, in der du als Teil einer Yogaübung meditierst, oder eine energetische Heilungssitzung, die du dir selber gibst. Allerdings ist TSP nichts, was du dir nur einmal am Tag gönnst, es ist vielmehr eine Absichtserklärung für den Tag.

Du lädst dich selbst mehrmals am Tag dazu ein, diese Absicht anzuerkennen. Es ist leicht, den Tag mit positiven Absichten anzufangen, aber dann stößt du vielleicht auf Hindernisse oder Ablenkung in der »realen Welt«, die dich deine Absichten vergessen lassen. Wenn du deinen Verstand aber wie einen Garten pflegst – wenn du deinen Tag mit dem Aussäen deiner Samen beginnst und während des Tags mehrmals nach ihnen schaust und sie aufforderst zu wachsen –, dann blühen in deinem Verstand bald schöne Blumen und ihr süßer Duft breitet sich in deinem Leben aus.

Real und einfach ausgedrückt – und darum geht es eigentlich in der Spiritualität: Tägliche spirituelle Praxis pflanzt positive Absichten in deinen Verstand, denen du dich im Laufe des Tages immer wieder zuwendest, um dich daran zu erinnern und deine innere Führung zu erhalten.

Durch tägliche spirituelle Praxis erhöhst du nach und nach deine Schwingungen, sodass du helle, leichte und glückliche Energie abgibst und den Frieden und das Leben lebst, das du verdient hast.

Spiritualität und Religion

Zu deiner täglichen spirituellen Praxis brauchst du übrigens weder einen Gott noch eine Religion. Vielmehr geht es um dich und deine Verbindung zum Universum. Wenn du eine Religion praktizierst, kannst du sie mit dem, was wir hier tun, kombinieren – es gibt keinen Konflikt mit deinem Glauben, weil ich dich einfach nur ermutige, dein Licht zu erkennen und mit deiner Göttlichkeit in Kontakt zu treten.

Ich persönlich sage, ich habe keine Religion. Ich finde es einschränkend, einer Religion anzugehören, wo es doch so viele faszinierende Wege der Liebe und des Göttlichen gibt. Ich bin nicht religiös, ich bin spirituell!

Ich habe keine Probleme mit dem Wort »Gott«, aber damit sich diese Energie universeller und offener anfühlt, nenne ich sie hier lieber »das Universum« oder »das Göttliche«, weil es nicht etwas Einzelnes ist – es ist alles.

Für den Anfang schauen wir uns nun einmal detaillierter an, wie du deine Schwingungen anheben kannst und was das für dich bewirkt.

ERHÖHE DEINE SCHWINGUNGEN

»*Wenn du dein Denken bezüglich einer Sache änderst und dich absolut daran hältst, dann muss und wird sich auch diese Sache ändern.*«
EMMET FOX

Du bist der Schöpfer deiner Welt. Alles, was du denkst, fühlst und ausdrückst, zieht dich buchstäblich ins Universum hinein und bereitet dir den Weg. Ein Gedanke ist wie ein Kräuseln des Wassers, wenn du einen Kieselstein hineinwirfst – es strahlt aus und schafft Bewegungen und Veränderung in deinem Umfeld.

Deine Gedanken sind wie Wellen in deinem Leben. Ein kleines Kräuseln im Wasser breitet sich aus und kommt als Welle zurück. Genauso funktioniert das auch mit deinen Gedanken. Aus diesem Grund solltest du dir stets Gedanken aussuchen, die nicht gegen dich, sondern für dich arbeiten.

Wir wissen, dass unsere Gedanken der Ausdruck unserer Gefühle sind. Wenn wir an etwas denken, was wir lieben, fühlen wir uns gut. Wir wissen auch, wie es ist, von etwas in der Vergangenheit gequält worden zu sein. Wenn wir immer weiter darüber nachdenken, kann uns das in tiefe Verzweiflung stürzen.

Wenn du deine Schwingungen anhebst, ersetzt du die alten Gedanken über dich und das Leben durch bessere. Und wenn du deine

16

Gedanken änderst, änderst du deine Welt. Von der Veränderung der Gedanken habe ich zum ersten Mal durch Louise Hay erfahren. Sie war eine der ersten spirituellen Autorinnen, die ich gelesen und in die ich mich sofort verliebt habe. In ihrem lebensverändernden Werk hilft Louise uns zu realisieren, dass wir buchstäblich unsere eigene Geschichte schreiben – wir haben die Wahl: Entweder denken wir liebevolle Gedanken über unser Leben, oder wir entscheiden uns dafür, in Angst zu verharren. Im Wesentlichen ist es unsere Wahl, aber wir wissen, dass das eine besser ist als das andere.

Kürzlich habe ich in Deutschland, in Freiburg im Breisgau, einen Vortrag gehalten, und eine Dame bat mich um Ratschläge bezüglich ihres Lebens. Sie wollte wissen, ob es ihr Karma sei, den Rest ihres Lebens ohne Partner zu verbringen. Sie saß mit ihren drei Kindern, die alle noch Teenager waren, in der ersten Reihe. Als ich sie anschaute, ging mir vor Liebe das Herz auf. Ich wusste sofort, was los war – in ihrem Leben und ihren Beziehungen war sie regelmäßig enttäuscht worden. Als ich mich auf ihre Schwingung einstimmte, stellte ich fest, dass eine unbewusste Geschichte in ihrem Verstand und in ihrem Leben ablief.

Marion war nach einem langen Kampf in ihrer Ehe geschieden worden. Ihr Mann hatte sie betrogen und mehr Zeit »im Büro« verbracht als mit Marion und ihren Kindern. Letztlich hatte er seine Familie, die sich verzweifelt nach seiner Liebe und Anerkennung sehnte, im Stich gelassen. Die Zurückweisung machte sich bei Marion auf einer emotionalen Ebene bemerkbar. Obwohl sie nach außen hin eine Quelle der Stärke für ihre Familie war, fühlte sie sich innerlich wertlos und allein.

Als ich ihre Energie anzapfte, konnte ich spüren, dass sie sich selber eine viel zu düstere Geschichte erzählte. Sie sagte sich, sie sei keine gute Frau und müsse etwas falsch gemacht haben. Zugleich fühlte sie sich als Opfer und fragte sich ständig: »Warum ist gerade mir das passiert?« oder sogar »Womit habe ich das verdient?«

Ich gab ihre aktuellen Gedanken und ihre Situation so diplomatisch wie möglich wieder – und fügte hinzu, ich wüsste genau, wie sie sie ändern könnte.

Ich spürte, wie Marions Engel sie aufhoben und ihr Loblied sangen. Sie wollten ihr danken, weil sie immer loyal gewesen war und die Familie vor sich selber gestellt hatte. Das sagte ich ihr und auch, was für ein wundervoller Mensch sie sei.

Dann entdeckte ich den Gedankenprozess, der letztendlich zwischen Marion und einer liebevollen, unterstützenden Beziehung stand.

»Du hast dich so daran gewöhnt, in deiner Ehe zurückgewiesen und verletzt worden zu sein, dass du das nun von allen Beziehungen erwartest«, sagte ich zu ihr. »Deshalb holst du auch keine Beziehung in dein Leben – weil du erwartest, wieder verletzt zu werden, und das willst du auf keinen Fall. Deshalb baust du hohe Mauern um dein Herz, die dich von der Liebe abhalten, die du verdient hast. Meine Freundin, du verdienst es zu lieben und geliebt zu werden. Du musst nichts tun, damit das geschieht und musst nicht ›hart arbeiten‹, um es zu bekommen. Liebe zu erfahren ist dein göttliches Recht!«

In diesem Moment brach Marion in Tränen aus und sie ließ dem Schmerz in sich freien Lauf. Ich konnte sehen, wie die dunkle Energie sie verließ und goldenes Licht sie umgab. Das war symbolisch für die Erhöhung ihrer Schwingungen.

Marion sagte zu mir: »Du hast recht – ich sehne mich verzweifelt nach einer Partnerschaft, aber ich habe das Gefühl, ich könnte wieder verletzt werden. Es ist logisch, dass das wie eine Blockade wirkt. Aber ich bin bereit, meine Denkweise zu ändern, und ich bin dankbar dafür, dass du mir gezeigt hast, wie.«

Es ist immer der erste Schritt, uns klarzumachen, was uns daran hindert, das Leben zu führen, das wir haben wollen. Aber es ist kein Wunder. Das Wunder liegt in unserer Fähigkeit, unser Denken zu ändern und unsere innere Geschichte neu zu schreiben. In diesem Fall musste Marion erkennen, dass sie Liebe verdiente, aber auch, dass nicht jeder sie verletzen wollte. Sie wurde ermutigt, sich klarzumachen, dass sie eine Kraft der Liebe war und ihre Schwingung anheben konnte, um sich das Leben zu erschaffen, das sie verdient hatte.

Das Universum

Das Universum ist etwas Wunderschönes. Es ist vor allem Energie, die auf unseren freien Willen reagiert, was wir die meiste Zeit gar nicht merken. Wir verstehen nicht, dass wir wählen können, welche Art von Energie wir abgeben, empfangen und um uns haben. Wir können nicht einfach sagen: »Ich mag diese Energie – gib mir bitte davon!«, sondern unsere Gefühle treffen die Wahl für uns. Wenn du dich zum Beispiel ständig wie ein Versager fühlst, dann wird Versagen deine Geschichte sein. Wenn du jedoch selbst mit kleinen Dingen glücklich und zufrieden bist, dann wirst du auch weiter diesen Weg gehen.

Das Universum ist unbegrenzt und hat uns so viel zu bieten, aber wir leben in einer Welt der Beschränkungen. Es klingt verrückt, wenn du darüber nachdenkst. Aber wir sind in dem Glauben aufgewachsen, nicht alles haben zu können, was wir wollen, oder sogar verlieren zu können, was wir haben. Doch das ist nichts als eine *Illusion*.

Wenn wir uns entscheiden, unsere Schwingung zu heben, begeben wir uns an einen Ort mit unbegrenztem Potenzial. Wir entscheiden uns dafür, die unbegrenzte Energie anzunehmen, die uns das Universum schenken will.

Energie ist unendlich – sie hört nie auf zu sein. Selbst wenn unser Körper stirbt, lebt unsere Energie weiter. Wir sind alle Teil des Lebens und können vom körperlichen in den nicht-körperlichen Zustand wechseln. Fühlt sich das etwa wie ein Verlust an? Es ist kein Verlust – wenn wir in einen nicht-körperlichen Zustand übergehen, kehren wir wieder zu unserem natürlichen Seinszustand zurück. Wenn wir akzeptieren, dass wir grenzenlos und immer eins mit allem sind, dann lassen wir grenzenlose Möglichkeiten in unserem Leben zu. Und dazu gehören auch Wunder.

Wunder

Nach dem metaphysischen Text *Ein Kurs in Wundern,* »geschehen Wunder auf natürliche Weise, als Äußerungen der Liebe«. Aber so vielen Menschen fällt es schwer, an sie zu glauben, und wir haben ganz bestimmt nicht das Gefühl, sie verdient zu haben. Warum?

Wir sind in einer Welt aufgewachsen, die alles misst und entsprechend beurteilt. Andere Leute bemessen, was wir besitzen, wie viel Geld wir verdienen, welche Kleider wir tragen, wie wir aussehen und so weiter, und wir tun dasselbe. Im Allgemeinen gibt uns dieses System des Bemessens das Gefühl, wir seien nicht vollständig oder nicht gut genug. Diese Gefühle schreiben unsere innere Geschichte, und die innere Geschichte sagt uns, dass wir Wunder nicht verdienen. Wunder sind auf jeden Fall beschränkt – wenn wir eines erhalten, nehmen wir es jemand anderem weg. Und das ist nicht fair.

Es ist Zeit, das zu ändern. Es ist Zeit, diese Geschichte neu zu schreiben und ein Leben zu kultivieren, das uns auf allen Ebenen erfüllt – ein Leben, das ständig offen ist für Wunder.

Und wir können alle Wunder erleben. In *Ein Kurs in Wundern* steht auch:

> »*Wunder konkurrieren nicht miteinander, und die Anzahl derer, die du wirken kannst, ist grenzenlos.*«

Du verdienst Wunder in deinem Leben einfach nur, weil du existierst. Ich finde, wir sind alle Wunder und wir können sie alle in unserem Leben erschaffen.

Einfach ausgedrückt, ist ein Wunder eine Verschiebung in der Wahrnehmung. Wir verändern unsere Art zu denken und damit unser Leben. Es muss kein dramatisches, äußeres Ereignis sein – es kann eine subtile, innere Veränderung sein, die ein Gefühl der Ganzheit und des Reichtums in unserem Leben hervorruft.

Kein Wunder ist größer oder kleiner als das andere. Die Veränderung unserer Gedanken ist kein größeres Wunder als die Erscheinung eines heiligen Meisters. Wichtig ist es in jedem Fall, das System des Messens loszulassen. Wenn wir etwas als größer ansehen, machen wir es damit in unserem Verstand unzugänglich, und da unser Verstand unsere Welt erschafft, können wir es auch in unserem Leben nicht erreichen.

Hier ist ein Gedanke, der mir geholfen hat. Er stammt aus meinem Tagebuch:

»Es geht nicht darum, wie groß das Wunder ist – es geht darum,
wie viel Raum du ihm einräumst.«

Wenn du deine Schwingung erhöhst, schaffst du Raum für Wunder in deinem Leben. Du bereitest einen Raum in dir selbst, um Liebe und Unterstützung vom Universum zu empfangen. Und bei deiner täglichen spirituellen Praxis nimmst du dir im Grunde die Zeit, dich daran zu erinnern, dass du Unterstützung und Wunder verdient hast.

Geistige Höhenflüge

Wenn du einen Raum betrittst und von einem lieben Menschen empfangen wirst, den du lange nicht gesehen hast, wirst du vor Aufregung überwältigt. Dein Herz geht auf, und du spürst ein tiefes Gefühl von Verbundenheit. Auf körperlicher Ebene möchtest du ihn umarmen, seine Hand ergreifen, ihm in die Augen sehen und lächeln. Auf seelischer Ebene, der Schwingungsebene, findet ein Gefühl des Wiedererkennens statt. Eure Seelen kennen einander, du fühlst ihr Licht und erfährst es in dir.

Das Gefühl der Liebe, das dich in solchen Momenten überwältigt, ist etwas ganz Besonderes – es erinnert dich an deinen natürlichen Zustand. Dein natürlicher Zustand ist ein hoher Schwingungszustand – deshalb fühlt es sich auch so gut an, zu lieben und geliebt zu werden. Liebe ist die höchste aller Schwingungen, und das Universum arbeitet damit. Alles, was nicht Liebe ist – Angst oder die Begegnung mit einer »negativen« Energie –, gibt uns das Gefühl, am Abgrund zu stehen oder umkehren zu wollen. Deshalb ist diese Energie am weitesten weg von unserem natürlichen Zustand.

Wenn du beginnst, deine Schwingungen zu erhöhen, folgst du dem, was für dich am natürlichsten ist. Du verbringst weniger Zeit mit etwas, was sich unbehaglich anfühlt, und wenn du dich nicht wohlfühlst, findet eine Verschiebung von Gedanken und Gefühlen statt, die dich zurück in deinen natürlichen Zustand führt.

Ich will dir ein Beispiel geben: Ich liebe Snowboarden und ich liebe Yoga. Beides bringt mir ein tiefes Gefühl von wohligem Kribbeln. Ob ich Yogaübungen auf der Matte mache oder mit großem Tempo einen Berg hinunterfahre – immer fühle ich das Leben in mir. Ich fühle, dass ich alles habe und tun kann – im Wesentlichen fühle ich mich grenzenlos. In diesem Zustand reiner Freude verbinde ich mich mit meinen Möglichkeiten, erhöhe meine Schwingungen und bin im Einklang mit dem Universum. Ich kann meine Energie in etwas lenken, was für mich funktioniert. Ich kann loslassen, was nicht funktioniert. Ich bin in der Lage, Absichten festzulegen und auf meine Ziele hinzuarbeiten.

Dankbarkeit

Hohe Schwingungen sind also ein natürlicher Zustand, den wir erfahren, wenn wir etwas tun, was wir lieben oder von Menschen umgeben sind, die wir lieben. Wir können diesen Zustand auch erreichen, indem wir dankbar sind.

Dankbarkeit ist ein Wunder an sich. Sie ist die Anerkennung dessen, was wir haben, und sie erfüllt uns. Und wenn wir sehen, dass unser Becher nicht nur voll ist, sondern überfließt, dann heben sich unsere Schwingungen noch mehr.

Wenn ich mit dem Publikum arbeite, setze ich die Absicht, dass das, was wir aus der Erfahrung gewinnen, zum Wohl aller fühlenden Wesen durch Raum und Zeit sein soll. Durch Übung heben wir unsere Schwingung, weil wir die Freundlichkeit, die wir fühlen, oder die Wohltaten, die wir von anderen empfangen, anbieten.

Ich ermutige auch die Zuschauer, an etwas oder jemanden in ihrem Leben zu denken, für das oder für den sie dankbar sind. Durch Dankbarkeit bewegen wir uns zurück zum Herzen und erfahren Liebe. Und Liebe hat die höchste Schwingung von allen …

Das Universum Wirbt um Dich!

*»Spirituelle Entwicklung wird nicht
an der Kraft nach außen gemessen, sondern nur an der Tiefe
der Freude in der Meditation.«*
PARAMAHANSA YOGANANDA

Hast du die Zeichen gesehen? Hast du die Zahlenfolgen auf deiner Uhr, deinem Telefon, deinem Armaturenbrett oder sogar auf dem Kassenzettel gesehen? Zahlen wie 1:11, 2:22, 3:33? Ich habe sie überall gesehen. Einmal bekamen meine Freunde sogar Angst, als beim Volltanken 44,44 Pfund auf der Rechnung standen. Zuerst dachte ich, mit diesen Zahlenfolgen wollten die Engel Hallo sagen, aber in der letzten Zeit ist mir klar geworden, dass etwas Größeres vor sich geht. Diese Zahlen sind kein Zufall – sie sind Botschaften des Universums, das uns einlädt, Botschafter des positiven Wandels, *Lichtarbeiter,* zu sein.

Ein Lichtarbeiter ist jemand, der etwas Positives auf der Welt bewirkt. Ich glaube, dass sich alle Lichtarbeiter, bevor sie zur Welt kommen, bewusst für diese Zeit entscheiden, um die Welt in ein neues Zeitalter zu lenken, das aufrichtig und voller Frieden ist und göttliche Liebe kennt.

Zu dieser Zeit geht auch eine Art Notruf durch das Universum. Dein eigenes Bedürfnis, ein Leben voller Integrität und Liebe zu schaffen, ist auch etwas, das du gewählt hast, bevor du auf die Welt gekommen bist. Und deine bewusste Wahl, dein Leben positiver zu gestalten, ist deine Reaktion auf den Aufruf des Universums.

11:11/111

Ich will nicht lügen – als die Zahlen 111 oder 11:11 immer wieder in meinem Leben auftauchten, *wusste* ich, dass eine Art spiritueller Bedeutung dahintersteckte, aber es dauerte eine Weile, bis ich sie herausbekam, denn als ich sie googelte (was ich mit allem mache, was ich nicht verstehe), gab es so viele Interpretationen.

Ich weiß noch, dass eines Tages 11:11 auf dem Display meines iPhones stand. Dann beschloss ich, darüber zu meditieren, was für eine Botschaft das für mich sein könnte. Was ich erhielt, war klar, präzise und ehrlich gesagt ganz einfach.

Die Botschaft, die ich tief in meinem Inneren wusste, war mir nicht neu. Es war eine uralte Botschaft, die ich von großen spirituellen Lehrern wie Jesus und alten Weisen wie Patanjali (der die Yoga-Sutras zusammengestellt hat) gehört hatte.

Wir sind alle eins.

Wie gesagt, es war nichts Neues. Aber wenn du deine 11:11 Botschaft erhältst, bist du buchstäblich in Kontakt mit dem Göttlichen. Du verbindest dich mit jedem und allem, was jemals war, ist und sein wird. Und wenn du dich mit dieser Frequenz verbindest, ist es wichtig, dass du deine Gedanken auf etwas konzentrierst, das zu Wachstum und Heilung der Welt beiträgt.

Wir alle haben von Zeit zu Zeit schwere Gedanken und fühlen uns frustriert. Deswegen bist du weder ein schlechter Mensch noch ein schrecklicher Lichtarbeiter, weil wir hier sind, um zu wachsen und zu lernen. Aber wenn 11:11 kommt, dann ist es ein Ruf von der Quelle der Schöpfung, aus den Tiefen unserer Seele, den Engeln und dem Universum selbst, unsere Energie anzuheben, unsere Schwingung zu erhöhen und in das Licht zu treten, um ein Führer und Lehrer für die Welt zu werden.

Das Ich-bin-Sein

Wenn du ein Lichtarbeiter werden sollst, gibt es einen echten Ruf vom Universum, uns so zu ehren, wie wir wirklich sind. Wir sind eine Seele in einem Körper und wir sind hier, um etwas anders zu machen. Wenn wir die spirituelle Gabe und Mission, die uns gegeben wurde, akzeptieren, wecken und stärken wir uns von innen heraus. Zu akzeptieren, wer wir wirklich sind, nenne ich gerne das »Ich-bin-Sein«, aber es wird auch von verschiedenen anderen Gedankenschulen die »Ich-bin-Präsenz« genannt.

Auch das ist keine neue Information – das wird seit Tausenden von Jahren gelehrt. In der Bibel benutzte Jesus die Worte: »Ich bin das Licht der Welt.« Im Grunde genommen war er ein Lichtarbeiter.

Wenn du erwachst und dein »Ich-bin-Sein« ausrichtest, erkennst du im Grunde genommen an, dass du Teil von etwas bist, das größer ist als du. Genau das passiert, wenn du 111 oder 11:11 auf der Uhr siehst – du wirst vom Himmel eingeladen, zu erkennen und zu akzeptieren, dass du Teil von allem bist, was ist.

Bevor du weiterliest, nimm dir einen Moment Zeit und richte dein »Ich-bin-Sein« aus, indem du diese Übung machst.

☀ Atme tief ein und atme dann langsam aus. Sage:

»Ich bin das Licht.«

☀ Stell dir vor, du seist in strahlend weißes Licht eingehüllt.
☀ Hole noch einmal tief Luft und atme dann langsam aus. Sage:

»Ihr seid das Licht.«

☀ Stell dir vor, wie alle überall aufleuchten.
☀ Hole erneut tief Luft und atme dann langsam aus. Sage:

»Wir sind das Licht.«

☀ Sieh, wie dein Licht mit dem Licht aller anderen zusammenkommt.

Ich mache das schrecklich gerne. Es ist so eine kraftvolle und einfache Technik. Wenn du jemals deine Schwingungen schnell verändern und der werden musst, der du bist, dann sage einfach: »Ich bin, du bist, wir sind!«

Andere Zeichen

Du hast vielleicht gar keine 11:11 Zeichen bekommen, sondern hast stattdessen verschiedene andere Botschaften vom Universum erhalten. Das ist total cool. Oder vielleicht hast du auch gar nichts bekommen, was du als »Zeichen« bezeichnen könntest, hast aber das tiefe innere Gefühl, dass du »ein besserer Mensch« sein willst. Wenn das so ist, bist du auch am richtigen Ort.

12:34/1234

Eine weitere übliche Sequenz sind Zahlen, die hintereinander erscheinen. Vielleicht greifst du um 12:34 Uhr zum Telefon, oder du siehst diese Zahlen anderswo auftauchen.

Ich nenne diese Sequenz gerne »die Leiter«. Sie repräsentiert das Ersteigen der spirituellen Leiter: Dir wird gesagt, dass du die richtigen Schritte machst, um dein Herz und deine Energie zu heben und eine positive Veränderung in der Welt zu bewirken.

22:22/222

Das ist gewissermaßen meine persönliche Zahlenfolge, weil ich sie so oft sehe. Mein bester Freund, Teri, im Übrigen auch. Jedes Mal, wenn wir sie auf dem Handy sehen, schicken wir uns einen Text, und das ist an den meisten Tagen so.

Stehen zwei Zweien einander gegenüber, ergeben sie eine Herzform. Ich nenne sie »Schwäne der Liebe«, weil sie wie Schwäne aussehen, die auf einem See schwimmen. Wenn du dieses Zeichen siehst, ermutigt dich das Universum, die tiefe Liebe anzuerkennen, die in dir ist.

Während es bei 11:11 um Einssein geht, geht es bei 22:22 darum, dieses Einssein zusammenzubringen. Es ist der göttliche Aufruf des Universums, das dich einlädt zu erkennen, wie deine Absichten und

Handlungen andere beeinflussen. Jedes einzelne Wort, das du sprichst, jede Tat und jede Interaktion mit anderen erzeugt Wellen des Wandels. Wenn du 22:22 siehst, bist du aufgefordert zu sehen, inwiefern du das Licht im Raum bist. Wie beeinflussen deine Handlungen, Taten, Absichten und Worte positiv alle die, die um dich herum sind? Schalte dein Licht ein und leuchte hell.

3:33/333

33 ist eine Glückszahl in der Spiritualität, weil angenommen wird, dass Jesus so alt wurde. Und nicht nur das, in der Numerologie ist die 33 als »Meisterlehrer-Zahl« bekannt. Aus diesem Grund wird sie auch den Aufgestiegenen Meistern zugeordnet. Aufgestiegene Meister sind spirituelle Lehrer, die einmal auf der Erde gelebt haben, aber jetzt ihre Unterstützung aufgrund ihrer Lebenslektionen vom Herzen des Universums aus (dem Himmel) anbieten.

Wenn du 3:33/333 siehst, heißt das nicht nur, dass du ein großer Führer in irgendeiner Beziehung bist, sondern auch, dass die Lehrer, die vor dir gegangen sind, dich ermutigen.

4:44/444

In der traditionellen Numerologie war die 44 die Zahl der Struktur. Sie wurde die Zahl des Geschäfts, der Planung und des Bauens starker Fundamente. In den letzten Jahren wurde sie immer mehr mit Engeln verbunden, und die Engel haben das zu ihrem Vorteil genutzt. Dank Doreen Virtue ist die 44 die traditionelle Zahl der Karten in Engel-Kartendecks geworden und durch ihre Arbeit ist die 444 das weithin anerkannte Zeichen dafür, dass Engel anwesend sind. Als ich das wusste, habe ich ständig 14:44 auf meiner Uhr gesehen und bin häufiger nachts um 4:44 aufgewacht, um interessante Informationen zu empfangen.

Wenn du diese Zahl siehst, wollen deine Engel dir mitteilen, dass sie deine größten Fans sind. Das Engelreich kommt dir nahe, unterstützt dich und erinnert dich daran, dass du nicht alles alleine machen musst. Sei offen für das Licht und die Hilfe der Engel, um dich sicherer und geborgener in deinem Leben zu fühlen.

Hochfrequenz-Geräusche

Das sind meine Lieblingszeichen. Ich bezeichne ein Hochfrequenz-Geräusch als »Download«, weil es meiner Meinung nach zeigt, dass wir eine Art göttlicher Führung vom Universum erhalten. Ich stelle mir den menschlichen Verstand und Körper wie ein riesiges Radio vor, das wir einstellen können, um verschiedene Botschaften vom Himmel, von Aufgestiegenen Meistern und Engeln zu empfangen. Manchmal ist unsere Frequenz nicht ganz richtig eingestellt, aber wir empfangen immer noch andere Kanäle. Wenn wir einen hohen Ton hören, bekommen wir einen Vorgeschmack darauf, was wir noch empfangen könnten.

In Colorado habe ich kürzlich einen Vortrag über die Erfahrung, Hochfrequenz-Geräusche zu hören, gehalten. Zu meiner Überraschung kamen danach mindestens 50 Personen zu mir, um mir zu erzählen, dass sie solche Geräusche seit Jahren hören würden und nie gewusst hätten, was sie bedeuten.

Wenn es mir passiert (wie zum Beispiel heute früh, bevor ich dieses Kapitel geschrieben habe), nehme ich mir einen Moment Zeit, um es zu erkennen. Ich mache mir bewusst, dass ich eine Art von Führung, Download, Upgrade oder Information von den Engeln und dem Universum erhalte. Dann schließe ich für gewöhnlich die Augen, atme einen Moment lang tief durch und sage dieses einfache Gebet aus meinem Buch *Engelgebete*: »Danke, Engel, dass ihr mir offenbart, was ich wissen muss!« Selbst wenn ich sonst nichts höre oder erfahre, vertraue ich darauf, dass ich zu gegebener Zeit schon erfahren werde, was ich wissen muss.

Wenn du das nächste Mal einen hohen Ton hörst, dann weißt du, dass du aufgefordert bist, deine Schwingung zu heben.

Deinen Namen hören

Seinen Namen zu hören ist ein Zeichen, das viele Leute erschreckt. Sie stellen sich dann vor, dass irgendein komischer Verstand sie verfolgt – aber das stimmt nicht! Wenn du deinen Namen hörst, dann ist das der Widerhall der Liebe, die das Universum für dich empfindet. Statt also darüber nachzudenken, ob du richtig gehört hast oder nicht, antworte einfach mit: »Ich hören deinen Ruf, Universum!«

Dein Name hat viel zu tun mit deiner Schwingung. Ich hatte kürzlich ein interessantes Gespräch mit der Engelexpertin Diana Cooper, als wir mit unserem Verleger vor dem Engel-Weltgipfel zu Abend gegessen haben. Wir unterhielten uns über das Leben und mein Lieblingsthema (Essen), und beim Plaudern kürzte ich ihren Namen zu »Di« ab. Ich sagte:»Entschuldigung, Diana, das mache ich ständig. Meine Mum und eine meiner besten Freundinnen heißen beide ›Diane‹.«

Ihre Antwort war lieb, aber auch kraftvoll. Sie sagte: »Ist schon okay. Ich war ›Di‹, bis ich meine erste Engel-Erfahrung hatte. Dann wurde ich ›Diana‹.

Ich wusste bereits, dass das stimmte. Darauf zu vertrauen, wer du bist, und deinen Namen mit Liebe im Herzen zu sagen, fasst so ziemlich alles zusammen, was ich bis zu diesem Punkt auf meinem spirituellen Weg gelernt habe. Du kannst dies auf viele Arten tun, von den Affirmationstechniken, die Louise Hay uns beigebracht hat, bis hin zu der Selbst-Akzeptanz, zu der wir von unseren Schutzengeln ermutigt werden. Und Engel lieben es, uns bei unserem Namen zu nennen – deshalb hörst du von Zeit zu Zeit auch deinen Namen, wenn du einen kleinen Schubs brauchst, um in dein Licht und deine wahre Kraft zu gehen.

Wenn du deinen Namen auf liebevolle Weise sagst und schreibst und andere bittest, ihn zu respektieren, dann initiierst du damit dein »Ich-bin-Sein«.

Was geschieht als Nächstes?

Du hast also die Zeichen erhalten, du hast die Rufe gehört, und du weißt, dass etwas Größeres vor sich geht. Das Universum hat dich angeworben. Es hat dich als Agent des Wandels und als irdischer Engel ausgewiesen. Du bist aufgefordert, deine und die Energie aller Menschen um dich herum anzuheben. Die Tatsache, dass du hier bist, sagt uns, dass du auf diesen Ruf reagiert hast und bereit bist, den Prozess einzuleiten.

Dein Leben wird dir jetzt veranschaulichen, wie du auf die beste Art leben kannst. Wahrscheinlich ist es schon so. Du hast vielleicht schon gemerkt, dass Leute gerne mit dir zusammen sind, weil sie spüren, dass sie sich auf dich verlassen können, und sie wissen, dass sie dir ihre tiefsten Emotionen anvertrauen können. Es ist dir wahrscheinlich schon passiert, dass Fremde oder Leute, die du kaum kennst, dir ihr ganzes Leben erzählt haben, einschließlich der Dinge, die sie noch nie jemand anderem gestanden haben.

Dein Leben ist eine Veranschaulichung dafür, dass deine positiven Gedanken, die du in dir aktivierst, anderen Menschen eine Plattform dafür bieten, selbst positive Gedanken auszusenden. Deine Liebe zum Leben ist ansteckend, aber nicht nur das – das Licht, das in dir leuchtet, wird immer heller werden, ebenso wie das Licht aller, die um dich herum sind und sich von dir angezogen fühlen.

Um diesen Weg gehen zu können, musst du mit dem Universum, den Engeln und deinen geistigen Führern im Reinen sein, damit du diese Mission akzeptierst. Aber keine Sorge – das bedeutet nicht, dass du deinen Job aufgeben oder ohne Unterlass für das Universum/die Engel/die geistige Welt arbeiten musst. Es bedeutet nur, dass du den Ruf akzeptiert hast und bereit bist, zur Heilung und zum Frieden in der Welt beizutragen. Du bist bereit, deine Schwingung zu erhöhen.

SCHWINGUNGEN IM KÖRPER

»Was hinter uns und was vor uns liegt, ist winzig
im Vergleich zu dem, was in uns liegt.«
RALPH WALDO EMERSON ZUGESCHRIEBEN

Der Körper ist das Heim der Seele und der Raum, in dem sich der
Verstand aufhält. Aus diesem Grund braucht dein körperliches Ich
liebevolle Fürsorge und Aufmerksamkeit, damit es das Erhöhen deiner Schwingung unterstützen kann.

Ich habe meinen physischen Körper jahrelang vernachlässigt.
Meine spirituelle Praxis drehte sich nur um die Seele und den Verstand. Auf der spirituellen Ebene tat ich alles liebevoll und fürsorg-
lich, aber zugleich wusste ich, dass mein Körper auf die Absichten, die
ich hatte, und die Arbeit, die ich im Inneren tat, nicht reagierte.

Wie ich hast auch du wahrscheinlich schon eine Million verschiedene Gesundheitsregeln befolgt, Kohlsuppe gegessen oder mit dem
Gedanken gespielt, dich vegan zu ernähren. Ich will hier keine Vorträge über Ernährung halten, sondern dir vielmehr helfen, einen Weg zu
finden, um dein ganzes Ich (Körper, Geist und Seele) auf einer höheren Schwingungsebene strahlen zu lassen. Zunächst erzähle ich dir
erst einmal, wie es mir gegangen ist.

»Die Wahrsage-Diät«

Schon als Teenager habe ich spirituell gearbeitet und war oft noch spät am Abend unterwegs. Meine gesteigerte Energie, mit der ich die Schwingungen anderer Leute lesen und Kontakt mit der geistigen Welt aufnehmen konnte, erfüllte mich mit Freude und Kribbeln. Auf dem Heimweg fuhr ich regelmäßig an irgendwelchen Fast-Food-Lokalen vorbei, um mir schweres, fettiges Essen zu kaufen, das mich wieder auf die Erde brachte. Schließlich war ich nur noch mit schwerem Essen in der Lage, abzuschalten, einzuschlafen und meinen überaktiven Verstand herunterzufahren.

Auf jeden Fall glaubte ich, dass es so funktionierte. Die meisten Wahrsager, zu denen ich aufblickte, hatten ihre Laster. Sie aßen abends schwere Mahlzeiten, um einschlafen zu können. Viele von ihnen rauchten und tranken zu viel, um abschalten zu können. Aber ich kam mir nicht authentisch vor und hatte das Gefühl, fehl am Platz und allein zu sein.

Ich nahm immer mehr zu und fühlte mich dick. Ich wurde in ein Muster gezogen, das nichts mit meinem authentischen Ich oder dem Erhöhen meiner Schwingung zu tun hatte. Um das klarzustellen: Ich sage hier nicht, dass dünnere Leute eine höhere Schwingung haben oder spirituell besser angebunden sind. Aber wenn du dein körperliches Ich bewusster pflegst, kannst du höhere Ebenen der Wahrnehmung erreichen.

Mit kraftvollen spirituellen Übungen hast du alle Werkzeuge in der Hand, um sicher, geerdet und konzentriert zu bleiben. Wenn du diese Werkzeuge benutzt, brauchst du kein schweres Essen zu dir zu nehmen, nur um schlafen oder abschalten zu können.

Bewusstes Essen

Als ich begann, in meine Spiritualität einzutauchen, spürte ich das Verlangen, Vegetarierin zu werden. Ich hatte verschiedene spirituelle Bücher gelesen, die eine vegetarische Ernährung empfahlen, um die Schwingung so hoch wie möglich zu halten. In einem der Bücher stand, wenn wir Tiere essen, würden wir auch ihren Schmerz und ihre Angst vor dem Tod mit verzehren. Dieses schreckliche Bild hat sich mir eingeprägt und mich seitdem nie mehr verlassen.

Ich glaube nicht, dass wir uns vegetarisch ernähren müssen, um eine hohe Schwingung zu haben, aber es ist eine persönliche Entscheidung, die meinen Weg gefördert hat. Ich habe es sogar noch ein bisschen weitergetrieben, indem ich überhaupt keine tierischen Produkte mehr verzehre, abgesehen von Eiern von einem lokalen Bio-Hühnerhof (der als Hobby und nicht aus Profitgründen betrieben wird), und ich meide weitestgehend Gluten und Weizenprodukte.

Bewusst zu essen bedeutet, auf eine Art zu essen, die dir, dem Tier (wenn du Fleisch isst) und dem Boden am wenigsten Schaden zufügt. Wenn du zum Beispiel Fleisch isst, dann solltest du es von einem Hof kaufen, auf dem die Tiere liebevoll behandelt werden (oder zumindest so liebevoll wie möglich), indem man ihnen erlaubt, frei herumzulaufen.

Es gibt unbewusste Veganer und Vegetarier, die eine Menge Sachen essen, die ihnen oder ihrer Umgebung nicht guttun. Manche Leute sind auch Veganer, essen also kein Fleisch, tragen aber zum Beispiel Lederschuhe oder recyceln ihre Flaschen nicht. Die Ausgewogenheit ist das Wichtigste.

Bewusstes Essen ermutigt dich, so natürlich wie möglich zu leben, indem du genetisch veränderte Nahrungsmittel, Dosen und alle anderen bearbeiteten Nahrungsmittel meidest. Ich würde dir empfehlen, frische und organische Sachen zu essen, am besten von lokalen Produzenten, und Nahrungsmittel zu wählen, die dich glücklich und gesund machen.

Ich weiß noch, wie ich die Grundlagen der Körperbotschaften von einer Louise-Hay-Kassette gelernt habe. Sie erklärte, dass der Körper dir mitteilt, wie energetisch das Essen ist. Wenn du zum Beispiel etwas isst und zwanzig Minuten später am liebsten schlafen gehen möchtest, ist die Botschaft laut und deutlich, dass dein Körper das nicht mag. Essen ist Brennstoff, und außerdem gibst du es in den Tempel, in dem deine Seele wohnt. Allein aus diesem Grund willst du doch sicher Nahrungsmittel wählen, die gut behandelt wurden und nahrhaft sind.

Seitdem ich meine Ernährung geändert habe, fühle ich mich gut, wenn ich esse, und ich habe ein gutes Gefühl meinem Essen gegenüber. Ich belohne mich und gehe oft auswärts essen, wähle dabei aber immer Lokale, die meinen Bedürfnissen entgegenkommen und mir ein gutes Gefühl geben. Ich bin bekannt dafür, Restaurants zu verlassen und Büfetts oder ganze Events zu meiden, wenn sie meiner Ernährungsweise und dem Energiesystem meines Körpers nicht entsprechen.

Erst kürzlich habe ich in Paris ein Restaurant verlassen, das alle möglichen Arten von Wild anbot, einschließlich von Tieren, die am selben Tag gejagt worden waren. Es stimmte einfach nicht mit meinen ethischen Auffassungen überein, und ich hätte letztendlich nur Kartoffeln und Salat essen können – was sicher ein gutes Essen ist, aber ich wollte nicht verhungern, sondern genährt werden. Statt also zu schweigen, um den Frieden meiner Freunde nicht zu stören, war ich aufrichtig und ging.

Segne dein Essen

Dein Essen zu segnen ist eine wundervolle Art, die Energie dessen, was du zu dir nehmen willst, zu heben. So wird die vitale Lebenskraft in der Mahlzeit aktiviert, und dein Körper wird genährt und unterstützt.

Es gibt verschiedene Arten, das Essen zu segnen. Du kannst visualisieren, wie es in goldenes Licht getaucht wird. Du kannst dir vorstellen, wie das Licht aus deinen Händen fließt, wenn du sie darüber hältst, oder du kannst einfach ein schlichtes Gebet sagen:

*»Danke, universelle Lebenskraft, dass du dieses
Essen mit bedingungsloser Liebe segnest. Ich erlaube ihm,
jede Zelle meines Seins zu nähren!«*

Bei uns zu Hause haben wir herzförmige Teller, und auf unserem Geschirr ist das Wort »Liebe« eingeprägt – eine perfekte Erinnerung an die Achtsamkeit bei den Mahlzeiten.

Segne deinen Bauch

Mir ist früh auf meinem spirituellen Weg klar geworden, dass es manchmal ziemlich leicht war, das Segnen meines Essens zu vergessen, und ebenso leicht war es, das Essen an sich zu vergessen. In seinem Buch *Das Wunder der Achtsamkeit* erklärt Thich Nhat Hanh, dass Achtsamkeit die Wahrnehmung des gegenwärtigen Moments ist und was wir darin tun. Ich weiß mit Sicherheit, dass ich nicht immer achtsam bin – ich vergesse oft, dass ich etwas esse, weil ich zur gleichen Zeit eine E-Mail oder sogar einen Text schreibe.

Wenn ich also vergesse, mein Essen zu segnen, verschiebe ich einfach meine Wahrnehmung und segne das Essen in meinem Bauch. Klar, es steht jetzt nicht mehr vor mir, aber deswegen kann ich die Schwingung dessen, was ich gerade gegessen habe, trotzdem heben.

☀ Um das Essen in deinem Bauch zu segnen, lege deine Hände auf deinen Bauch, schließe die Augen und atme in deine Hände.

☀ Stelle dir dabei vor, dass reines göttliches Licht von der Quelle (oder dem Universum) in dein Herz fließt und sich über jeden Arm durch deine Finger in deinen Bauch ausbreitet.

☀ Dann sage so etwas wie:

> *»Danke, Universum, dass du das Essen in meinem Bauch segnest!*
> *Es fühlt sich so gut an, genährt und gesund zu sein!«*

Halte deinen Körper rein und klar

Wie bereits erwähnt, ist der Körper der Tempel, in dem die Seele wohnt. Aus diesem Grund ist es wichtig, ihn strahlend und auf dem höchstmöglichen Schwingungslevel zu halten. Es gibt ein paar Dinge, die ich regelmäßig für meinen Körper tue, um ihn gesund und meine Energie sauber zu halten.

Salzbäder

Meersalzbäder sind wundervoll. Seit Hunderten von Jahren ist Meersalz anerkannt als heiliges Mittel, um alles von uns wegzuleiten, das uns nicht förderlich ist. Ich nehme zum Baden gerne rosa Himalaya-Salz, und nach einem solchen Bad habe ich mich immer gepflegt und rein gefühlt. Ich glaube, es reinigt das Energiesystem des Körpers und lässt die Energiezentren (Chakras) wieder klar werden.

Gib einfach eine großzügige Menge Meersalz oder rosa Himalaya-Salz in warmes Badewasser. Ich füge gerne noch ein paar Tropfen von meinem Lieblingsduftöl hinzu, um die Erfahrung luxuriöser zu gestalten.

Grüne Smoothies

Ich liebe grüne Smoothies, weil es eine einfache Art ist, um den Körper zu ernähren. Frisches, organisches Obst und Gemüse zu einem erfrischenden Morgensaft zusammenzustellen ist ein toller Start in den Tag. Ich glaube, ein gesunder Darm ist wichtig, und ich habe immer festgestellt, dass ein grüner Saft zum Frühstück mein Verdauungssystem positiv beeinflusst.

Mein Lieblingsrezept für organische grüne Smoothies ist einfach: Apfel, Sellerie, Weißkohl, Gurke, Karotte, Ingwer, Zitrone und Spirulina.

Darm

Du hast wahrscheinlich nicht zuerst an den Darm gedacht, als ich davon geredet habe, die Energie des Körpers anzuheben, oder? Nun, du weißt ja, dass mit Darmspülungen der Darm gereinigt wird, oder? Und meiner Meinung nach wird dadurch auch auf energetischer Ebene das herausgespült, was du nicht brauchst.

Ich kann mich noch gut an meine erste Kolon-Hydro-Therapie erinnern. Eine so reinigende Wirkung auf mein Leben habe ich damals nicht erwartet. Es war, als würde neuer Raum in meinem Leben geschaffen. Ich fühlte mich emotional ausgeglichener, als ob im wahrsten Sinne des Wortes eine Last von meinem Körper und meinem Leben genommen worden wäre. Ich kann nur empfehlen, ein oder zwei Mal im Jahr eine Darmspülung vornehmen zu lassen.

Yoga und Training

Auch Yoga oder andere Formen von Training sind eine großartige Methode, um die Energie des Körpers anzuheben. Ich weiß natürlich nicht, wie du es empfindest, aber seitdem ich trainiere, fühle ich mich lebendiger. Und dieses Gefühl, voller Energie zu sein, strahlen wir auch aus.

Wenn du mit hohen Schwingungen leben willst, ist es wichtig, regelmäßig Yoga oder eine andere Sportart zu machen, die dir, deinem Körper und deinem Fitness-Level entspricht. Mir helfen tägliches Ashtanga-Yoga und regelmäßiges Training mit einem Personal Trainer dabei, meinen Körper in Form und meine Energie hoch zu halten.

To-do-Liste

Um deinen Körper zu pflegen und deine Schwingung zu erhöhen, tue das Folgende:

☀ Überprüfe deine Ernährung. Fühlst du dich nach dem Essen lethargisch und ausgelaugt? Wie kannst du deine bestehenden Essensmuster verbessern? Isst du zu viel oder nicht genug?

☀ Beginne, dein Essen regelmäßig zu segnen. Wenn du es vergisst, kannst du es immer noch mit dem »Segnen des Bauches« versuchen.

☀ Nimm regelmäßig ein Salzbad – du wirst sehen, es erhöht deine Schwingungen.

☀ Hast du schon einmal versucht, dir zu Hause einen grünen Saft oder einen Smoothie zu machen? Wenn du nicht weißt, wie es geht, suche Inspiration in der Saftbar um die Ecke.

☀ Wenn Darmspülung nichts für dich ist, kannst du es auch mit einer Detox-Kur versuchen, um deine Schwingung zu starten. Jason Vales Detox-Säfte sind toll!

☀ Wann hast du das letzte Mal trainiert? Wie hast du dich danach gefühlt? Such dir einen Kurs, der dein Herz zum Singen bringt und deinen Körper mit Energie versorgt.

GEBRAUCHSANLEITUNG FÜR DIESES BUCH

So, jetzt hast du ein bisschen über Energie erfahren, das Universum hat dich angeworben, und du hast begonnen, deine Schwingung zu erhöhen. Was kommt als Nächstes?

Dieser Teil dieses Buches bietet 111 unterschiedliche spirituelle Techniken, die dir helfen, deine Energie anzuheben und deine Schwingungen hoch zu halten. Alle sind leicht zu erlernen. Zu manchen gehören Yoga-Positionen, die du ausprobieren kannst, um auf einer körperlichen Ebene zu arbeiten. Die meisten Übungen können überall und zu jeder Zeit gemacht werden. Die 111 Lektionen sind in zehn verschiedene Abschnitte unterteilt, die ich als »Sphären« bezeichne. Jede dieser Sphären hat ihr eigenes Farbschema, ihr eigenes Chakra (Energie-Zentrum), ihren eigenen Fokus und stärkt einen besonderen Aspekt deines Lebens.

Das Durcharbeiten der Sphären ist mit dem Erklimmen einer spirituellen Leiter zu vergleichen. Daher werden die Lektionen zunehmend tiefer und spiritueller. Während du dich hinaufarbeitest, können sich alle Aspekte deiner spirituellen Energie erhöhen, integrieren und letztendlich einen höheren Aspekt deines Selbst aktivieren.

Der Zweck dieser 111 Lektionen ist, dir dabei zu helfen, eine eigene tägliche spirituelle Praxis aufzubauen. Im Wesentlichen ist das eine Gelegenheit zu erkennen, wer du wirklich bist. Es ist der Moment, in dem du die Aufmerksamkeit wieder auf dich und dein inneres Licht lenkst und dich dafür entscheidest, dieses Licht einzuschalten. Dieses Licht kannst du überall einsetzen – im Supermarkt, im Zug, sogar im Büro. Und du brauchst keine ruhigen Orte, Tempel oder den Park aufzusuchen, um es einzuschalten – es geht überall. Und selbst wenn in einer Lektion empfohlen wird, einen ruhigen Ort aufzusuchen, dann musst du das nicht. Vielleicht ist dir ein ruhiger Ort lieber, um dich auf dich konzentrieren zu können, aber eine Notwendigkeit ist es nicht.

Zu vielen dieser Lektionen gehört Meditation. Das ist ein wundervolles Werkzeug. Es ist die Gelegenheit für dich, deinen Verstand und deine Gedanken bewusst wahrzunehmen. Vielen Menschen fällt es schwer zu meditieren, weil sie Probleme haben, ihre Gedanken auszuschalten. Doch das geht sowieso nicht – und Meditation hat damit gar nichts zu tun. Bei Meditation geht es vielmehr darum, dass wir unseren Verstand und unsere Gedanken wahrnehmen. Statt darum zu kämpfen, sie zu eliminieren, brauchen wir nur einen Schritt zurückzutreten und zum Zuschauer zu werden.

Wenn dich deine Meditationsübung frustriert, dann hat die größte Verwandlung bereits stattgefunden: die Tatsache, dass du überhaupt meditiert hast. Wann immer du dich dazu entscheidest, zu meditieren, zuzuhören und in dich zu gehen, tust du die Arbeit.

Und noch etwas, an das du immer denken solltest: Deine Schwingungen ändern sich ständig, aber die stetige Übung, deine Energie hoch zu halten, dich auf das Positive zu konzentrieren und bewusst Veränderung anzustreben, schafft radikale Verbesserungen in deinem Leben.

Reise durch die Chakras

Die 111 Lektionen in diesem Buch nehmen dich mit auf eine Reise durch deine Chakras. Wenn du mit den Chakras nicht vertraut bist, helfe ich dir gerne zu verstehen, was sie sind und wie das Chakra-System arbeitet.

Die Chakras

Chakra ist ein Sanskrit-Wort, das »Rad« bedeutet und benutzt wird, um ein Energiezentrum zu beschreiben. Dahinter steht die Idee, dass es mehrere Energiezentren im Körper gibt, die mit unterschiedlichen Aspekten des Körpers, des Geistes und der Seele verbunden sind. In der traditionellen Yogalehre gibt es sieben Hauptchakras auf einer vertikalen Linie, die am unteren Ende der Wirbelsäule beginnt und bis zum Scheitel verläuft.

- Das *Wurzelchakra:* Dieses Energiezentrum ist das wichtigste Chakra, weil du in den meisten Dingen von unten anfangen musst. Es befindet sich am unteren Ende der Wirbelsäule. Es steht für unsere Sicherheit und unser Überleben, repräsentiert jedoch auch die Gesundheit der Beine und des Rückens.
- Das *Sakralchakra:* Kurz unterhalb des Nabels an der Spitze des Schambeins steuert das Sakralchakra das Reproduktionssystem. Bei diesem Energieraum geht es um unsere Fähigkeit, im Fluss des Lebens zu sein und unsere Kreativität auszudrücken.
- Das *Solarplexus-Chakra:* Es liegt ungefähr in der Mitte des Bauches. Das Solarplexus-Chakra ist unser »Bauchgefühl« und ist auch bekannt als Gehirn des Körpers. Bei diesem Chakra geht es um Willenskraft und unsere Fähigkeit, etwas zu erreichen. Es steuert das Verdauungssystem.
- Das *Herzchakra:* Es liegt mitten in der Brust. Bei diesem Energiezentrum geht es um unsere Fähigkeit, zu geben und zu empfangen. Es geht um Liebe, Großzügigkeit und die Fähigkeit, eine liebevolle Erfahrung zu teilen. Es steuert das Herz und auch die oberen Atemwege.
- Das *Halschakra:* Unsere Fähigkeit zu kommunizieren, offen zu sein und uns auszudrücken wird von diesem Chakra gelenkt. Es hilft uns nicht nur, unsere Wahrheit auszusprechen, sondern es hat auch viel mit dem Ausdrucksvermögen auf emotionaler Ebene zu tun. Es steuert die Schilddrüse, die für unsere hormonelle Stabilität wesentlich ist.
- Das *Stirnchakra* (das dritte Auge): Das Zentrum der Intuition und Wahrnehmung hat mit unserer Fähigkeit zu tun, auf körperlicher wie auf nicht-körperlicher Ebene wahrzunehmen. Es steuert unsere Augen, hilft uns jedoch auch, unsere innere

Vision zu entwickeln.

🔆 Das *Kronenchakra*: Das ist das höchste der traditionellen Chakras. Manche sagen, es befände sich »auf der Krone des Kopfes«, also dem Scheitel, während andere erklären, es liege ein wenig darüber. Das Energiezentrum steuert unsere Weisheit und unsere Verbindung zum Göttlichen.

Diese Energiezentren erleben unsere gesamte Reise mit. Wenn wir in unserem Leben Herausforderungen gegenüberstehen, können die entsprechenden Chakras unter Druck geraten. Mit einer täglichen spirituellen Praxis und einer bewussten Wahrnehmung dieser Zentren jedoch können wir sie reinigen, im Gleichgewicht halten und energetisieren.

Ebenso wie mit den traditionellen Chakras wird mittlerweile auch mit neueren Chakras gearbeitet, um eine noch stärkere Verbindung zur göttlichen Weisheit herzustellen. Manche sagen, es gäbe neun wichtige Chakras, aber ich glaube, es gibt zehn (sieben traditionelle und drei neuere). Ich habe die drei zusätzlichen Chakras in meinem Buch *Engelgebete* erwähnt. Sie sind Aspekte des Ich, die wir in unserer spirituellen Praxis abrufen können.

🔆 Das *Erdstern-Chakra*: Dieses Chakra befindet sich 15-30 Zentimeter unter unseren Füßen. Es ist unsere Verbindung zur Erde und der Weisheit der großen Mutter. Wir können es nutzen, um uns im Herzen der Erde zu verankern, um in Harmonie zu sein.

🔆 Das *Seelenstern-Chakra*: Der Seelenstern, ein dreidimensionaler Stern, sitzt 15-30 Zentimeter über unserem Scheitel. Wir können seine Energie nutzen, um tiefe Seelenweisheit in uns zu erwecken und Zugang zu den Einsichten des Himmels zu erlangen.

🔆 Das *Sternentor-Chakra*: Dieses Chakra ist besonders aufregend, weil es unsere Fähigkeit repräsentiert, uns mit dem Kosmos zu verbinden und unsere Hoffnungen und Träume wahr werden zu lassen. Es befindet sich etwa 30 Zentimeter über dem Kopf und ist geformt wie ein Strudel, durch den wir ins Herz des Universums eintauchen können.

Obwohl die Arbeit mit den Chakras unmerklich vor sich gehen kann, können sie trotzdem eine Wirkung auf unser Leben haben. Die meisten spirituellen Lehren sagen uns, dass die äußere Welt ein Spiegel oder Ausdruck dessen ist, was wir in uns erleben. Ich denke, wenn wir uns auf unsere Chakras konzentrieren (die sich im Wesentlichen in uns befinden), wird unsere äußere Erfahrung davon profitieren.

Kundalini

Unten an der Wirbelsäule befindet sich auch eine archaische Energie, die wir als *Kundalini* kennen. Es heißt, sie sieht wie eine zusammengerollte Schlange aus. In den meisten Menschen schläft diese mächtige Schlange und wartet auf unsere spirituelle Erweckung. Die Tantren, spirituelle Texte über Praktiken einiger hinduistischer, buddhistischer und jinistischer Religionen, lehren, dass diese Energie sich entfaltet und unser Sein erfüllt, wenn wir mit unserer spirituellen Seelenarbeit beginnen. Sie hilft uns dabei, einen tiefen Zustand der Erleuchtung zu erreichen. Genau das tun wir im Wesentlichen, wenn wir unsere Schwingung anheben: Wir schaffen Raum in uns, damit sich unsere archaische, heiligste Kraft entfalten kann.

Der Sushumna-Kanal

Damit sich die Kundalini entfalten kann, müssen unsere Chakras miteinander verbunden und aktiviert werden. Dies geschieht durch einen Energiekanal, der durch die Wirbelsäule verläuft, sodass die Energie durch die Chakras fließen kann.

Beginnend beim Wurzelchakra geht die Energie durch die Wirbelsäule, während zugleich zwei Energieströme, *Pingala* (männlich, der Sonne zugeordnet) und *Ida* (weiblich, dem Mond zugeordnet) einander überkreuzen und so jedes Mal, wenn sie den Sushumna-Kanal queren, einen Energiestrudel hervorrufen. Dieser erschafft im Wesentlichen die Chakras. Am Scheitelpunkt des Kopfes vereinen sich diese drei Stränge zu einem, sodass das Seelen-Ich vollständig enthüllt werden kann.

Die Lektionen und die Chakras

Es ist jetzt Zeit, mit unserer Reise durch die Chakras zu beginnen und unsere Schwingungen zu erhöhen. So funktioniert es:

※ Die Lektionen 1–10 bringen dich zurück zur Erde, um dich zu erden und zu stabilisieren. Dies hilft dir dabei, an deinem Wurzelchakra zu arbeiten.

※ Die Lektionen 11–20 nehmen dich mit auf eine Reise voller Flow und Ausdruck, was dir hilft, dich zu öffnen und dich mit deinem Sakralchakra zu verbinden.

※ Die Lektionen 21–30 geben dir den Anstoß, deinen Willen zu entzünden. Sie vermitteln dir, wie du die Kraft des Solarplexus-Chakra nutzen kannst.

※ Die Lektionen 31–40 helfen dir, in ausgeglichener Weise zu geben und zu empfangen, und erlauben deinem Herzchakra, sich zu öffnen und zu leuchten.

※ Die Lektionen 41–50 fordern dich auf, dich mit reinster Integrität auszudrücken. Dadurch kann dein Halschakra sein ultimatives Potenzial erfüllen.

※ Die Lektionen 51–60 führen dich zu einer festeren Verbindung mit dem Göttlichen und erlauben deinem Kronenchakra, dich vollständig auszudrücken.

※ Die Lektionen 71–80 ermutigen dich zum Strahlen und verhelfen dir zu der Erkenntnis, dass du auf diesem Planeten kraftvoll sein kannst. Hier geht es darum, deine spirituellen Werkzeuge, die dich unterstützen, zu erden und dich mit dem Erdstern zu verbinden.

※ Die Lektionen 81–90 setzen alle Werkzeuge ein, damit du das Leben führen kannst, das du liebst und verdient hast. Hier öffnet sich der Seelenstern, und das Sternentor wird ein Strudel der Energie, damit du das Leben deiner Träume erschaffen kannst.

※ Die Lektionen 91–100 erlauben dir, die Macht des Kosmos zu nutzen und jegliche andere göttliche Unterstützung, die es gibt. Alle Chakras sind nun ausgerichtet und bereit, dich zum nächsten Ausdruck deiner Entwicklung zu führen.

☀ In den Lektionen 101–111 geht es um die Aktivierung aller Chakras. Hier liegt der Schwerpunkt auf Wiederholung, sodass du alles, was du in den vorherigen Lektionen gelernt hast, wiederbeleben kannst.

Eine Lektion am Tag

Als eifriger Yogi und Schüler von *Ein Kurs in Wundern* glaube ich daran, dass eine tägliche spirituelle Übung eine wundervolle Kraftquelle ist. Deshalb empfehle ich dir, dieses Buch durchzuarbeiten, indem du eine Lektion pro Tag machst und im Laufe des Tages immer wieder zu dieser Lektion zurückkehrst. Dadurch verinnerlichst du sie und sie wird wirksamer.

Auch empfehle ich dir, nicht mehr als eine Lektion pro Tag zu machen, weil eine spirituelle Reise nicht beschleunigt werden kann – es geht nicht darum, mit dem Buch fertig zu werden, sondern die Seele zu ehren.

Orakel-Lektionen

Wenn du das Buch durchgearbeitet hast und nach täglicher Inspiration suchst, kannst du es wie ein Orakel benutzen. Wenn du gerne wissen möchtest, welches Chakra deine Aufmerksamkeit braucht oder wenn du eine spirituelle Lektion für den Tag haben möchtest, kannst du das Universum bitten, das Buch als Werkzeug zu benutzen. Wenn du dann einfach eine Seite aufschlägst, wirst du auf ihr deine Lektion/ Botschaft für den Tag finden.

Tipps für die Reise

Diese Tipps helfen dir auf dem Weg:

☀ Verabrede dich jeden Tag mit dir selbst, um deine Lektion zu lernen. Komme regelmäßig zu deiner Lektion zurück.

☀ Wenn du auf Reisen bist und dieses Buch nicht mitnehmen kannst, schreibe die Lektion des Tages, das Prinzip, das Gebet oder die Affirmation auf ein Blatt Papier oder mache mit deinem Handy ein Foto davon, damit du es bei dir haben kannst.

☀ Führe Tagebuch, um deine Fortschritte zu dokumentieren, und lies immer wieder, was du bisher aufgeschrieben hast.

☀ Wenn möglich, teile einem Freund deine Erfahrungen mit – einem Meditationslehrer oder jemandem, der diese Lektionen zur gleichen Zeit wie du macht.

☀ Sei offen für neue Erfahrungen und versuche, dir im Voraus nicht vorzustellen, was passieren wird.

EROEN

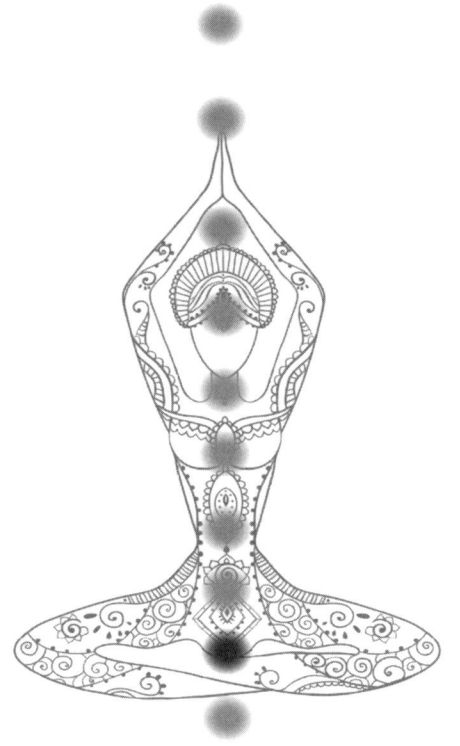

Chakra: Muladhara (Wurzel)
Sitz: Am unteren Ende der Wirbelsäule
Farbe: Rot
Element: Erde

Muladhara ist ein Sanskrit-Wort, das »Wurzelstütze« bedeutet. Es ist der Name des spirituellen Energiezentrums, das unsere Verbindung mit der Erde und unser Gefühl des Verwurzeltseins repräsentiert. Wenn das Wurzelchakra in der Natur wäre, wäre es die Erde, in der die Samen wachsen. Dieses Chakra ist mit unserer Fähigkeit verbunden, zu überleben und im Leben aufrecht und geerdet zu bleiben.

Die mit diesem Chakra verbundenen Körperteile sind die Beine und Füße und das untere Ende der Wirbelsäule. Dieses Chakra hält uns aufrecht und ist die Grundlage, von der aus die anderen Chakras nach oben gehen.

Hier beginnst du mit den grundlegenden Übungen, die dein Wachstum unterstützen und deine Schwingung erhöhen. In den folgenden Lektionen wirst du dich durch Affirmationen, Haltung und Gebet wieder mit der Erde verbinden. Wenn du ein Gefühl der Verbundenheit mit deiner jetzigen Position hast, dann kann die spirituelle Energie in dir aufsteigen, und das wiederum erhöht und stärkt deine Verbindung zum Kosmos.

SCHWINGUNG 1 – Du bist nicht allein!

Alles im Universum ist Energie, auch du. Und aus diesem Grund gehst du diesen Weg nicht allein. Du bist verbunden mit allem und jedem, was ist, war und jemals sein wird. Du bist verbunden mit der Essenz des Lebens, die jeden Aspekt deines Seins erfüllt.

Mit deiner Geburt wurde dir der freie Wille geschenkt. Obwohl du es als Kind nicht ganz verstanden hast, konntest du immer schon entscheiden, wann du essen wolltest, und sogar, wann du Fürsorge haben wolltest. Dein freier Wille entfaltet sich mit deiner Entwicklung und gelangt beim Eintritt ins Erwachsenenalter zu voller Entfaltung. Du kannst entscheiden, was du tun willst, mit wem du es tun willst, wann und wo. Im Wesentlichen hast du die Kontrolle über dein Leben.

Das Gleiche gilt für die Unterstützung. Das Universum hat uns die Chance gegeben zu entscheiden, wie wir diesen Weg gehen. Obwohl es uns schrecklich gerne helfen würde, kann es das nur, wenn wir es darum bitten. Viele Menschen leben ihre Leben ohne Unterstützung und allein – im Allgemeinen merken sie gar nicht, dass schon eine kleine Verschiebung in der Wahrnehmung das ändern kann.

Unabhängigkeit wird auf der Erde als Stärke angesehen. Sein eigenes Ding zu machen und nicht um Hilfe zu bitten scheint positiv zu sein. Die Schattenseite ist, dass es vielen Menschen als »Schwäche«

erscheint, um Hilfe zu bitten. In der Spiritualität ehren wir Unabhängigkeit, aber wir sagen auch, dass es noch eine andere Option gibt: Co-Kreation.

Um die Schwingung zu erhöhen und über die begrenzten Gedanken, die dir das Gefühl der Isolation vermitteln, hinauszugehen, solltest du die Idee aufgeben, unabhängig zu sein, und in den Raum der Co-Kreation mit deinem Schöpfer eintreten. (Deine Vorstellung vom Schöpfer ist anders als meine. Es kann »Gott« sein oder auch einfach nur »Leben«; aber alles ist richtig, was für dich funktioniert.)

Halte dir heute vor Augen, dass du diesen Weg mit deinem Schöpfer gehst, mit dem Universum und mit der Energie, die du mit erschaffst. Wenn dir klar wird, dass du nicht alles alleine machen musst, wird dir eine große Last von den Schultern genommen. Damit erlaubst du, dass das Gewicht deiner eigenen Welt von einer Macht gehalten wird, die größer als du ist.

SCHWINGUNG DES TAGES
In der heutigen Schwingung geht es nur um Absicht.
Es gibt keinen richtigen oder falschen Weg, um diese Absicht
in Gang zu setzen. Du kannst darüber meditieren, sie
aussprechen, beten oder tanzen. Wenn die Absicht richtig ist,
ist auch die Schwingung richtig!
»Heute entscheide ich mich, meine Unabhängigkeit aufzugeben.
Ich entscheide mich, diesen Weg nicht alleine zu gehen.
Gemeinsam mit meinem Schöpfer erschaffe ich meine Welt.
Engel tanzen um mich herum. Da alles im Universum aus
Energie besteht, auch ich, entscheide ich mich, die Energie
der Unterstützung und Liebe in meinem Leben willkommen
zu heißen. Heute entscheide ich mich, im Einklang mit dem
Universum zu laufen, da ich weiß, dass es jeden Schritt
unterstützt, den ich gehe.

#Teile deine Schwingung
»Ich akzeptiere, dass ich vom Universum
voll unterstützt werde.«

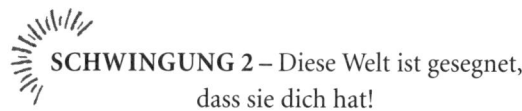

SCHWINGUNG 2 – Diese Welt ist gesegnet, dass sie dich hat!

Wenn wir in dieser Welt aufwachsen, passiert vieles, was uns das Gefühl geben kann, sehr klein zu sein. Deshalb sind wir darauf trainiert, bescheiden zu sein. Wenn wir uns zum Beispiel an jemandem vorbeidrängen, sagen wir: »Entschuldigung.« Das kann man als gute Manieren ansehen, aber hattest du schon einmal das Gefühl, das Wort viel zu oft zu sagen? Wenn deine Antwort »Ja« lautet, solltest du dir einmal die innere Geschichte dazu ansehen. Willst du dich entschuldigen, weil du existierst? Hast du das Gefühl, ein Recht darauf zu haben, auf der Erde zu sein?

Du bist ein wesentlicher Teil dieser Welt, und es ist wichtig, dass du das weißt. Es ist wichtig, dass du das auch lebst. Du hast das göttliche Recht, hier zu sein, und das Universum ist dankbar, dass du bist.

Überrascht es dich, dies zu hören? Hast du das Gefühl, mehr Probleme zu verursachen, als dir lieb ist? Wenn das der Fall ist, ist die Chance groß, dass deine innere Geschichte zehn Mal härter als die Realität ist.

Um deine Schwingung heute zu erhöhen, musst du akzeptieren, dass du ein Recht hast, hier zu sein, und du musst erkennen, dass du eine wertvolle Facette dieser Welt bist. Die Tatsache, dass du hier bist, ist ein Geschenk an sich, und alles, was du mitbringst, ist ein Bonus.

Du brauchst dich nicht zu entschuldigen, weil es dich gibt. Du brauchst auch nicht einen Riesenhaufen Verantwortung zu übernehmen, um deine Existenz zu rechtfertigen. Das redet dir nur dein Ego ein.

Die Tatsache, dass du heute hier bist, ist ein Geschenk für die Welt. Glaube es.

SCHWINGUNG DES TAGES

»Ich habe das Recht, hier auf der Erde zu sein.
Meine Präsenz alleine ist mein Ziel; alles andere ist ein Bonus.
Es fühlt sich gut an zu wissen, dass ich eine Facette

des größeren Bildes bin. Ich akzeptiere, dass es mein
göttliches Recht ist, lebendig zu sein, und ich bin dankbar
für dieses Geschenk.«

SCHWINGUNG 3 – Der jetzige Moment ist ein Geschenk!

Es gibt keinen kraftvolleren Ort als den gegenwärtigen Moment. In genau diesem Moment bist du am mächtigsten. Aber die meisten von uns denken lieber an die Vergangenheit oder an das, was sie als Nächstes tun müssen.

Heute geht es darum, dich zum gegenwärtigen Augenblick zurückzubringen. Stelle dir einen Moment vor, dass über deinem Kopf ein wunderschönes goldenes Licht leuchtet, das sich bis zu deinen Finger- und Zehenspitzen bewegt. Das gleiche goldene Licht läuft auch durch jede Zelle deiner Haut. Es fließt durch deine Organe und durch die Luft, die du atmest. Es erfüllt deine Lunge und tanzt durch deinen Blutfluss.

Das Licht, das du dir vorstellst, ist das Leben selbst, und es besteht im Wesentlichen aus Liebe. Fast unbemerkt läuft es genau jetzt durch uns alle, aber weil wir so mit unserem Leben beschäftigt sind, vergessen wir diese schöne Verbindung zum Universum.

Wenn du bewusst an dieses Licht denkst und leichter atmest, weil du weißt, dass du Teil davon bist, dann erkennst du das Geschenk des Lebens an. Und wenn du das Geschenk des Lebens anerkennst, dann erhöhst du deine Schwingung so, dass du ein Licht in anderen Menschen entzünden kannst.

Wenn du Wunder und Geschenke in deinem Leben willkommen heißt, dann raubst du sie anderen nicht. Indem du nämlich die Schönheit des Universums anerkennst, seine Unterstützung annimmst und dankbar dafür bist, demonstrierst du anderen, wie auch sie sich gestützt fühlen können.

Erhöhe heute deine Schwingungen, indem du erkennst, dass du damit nicht nur dir ein Geschenk machst, sondern auch anderen, einfach indem du nur lächelst.

SCHWINGUNG DES TAGES
»Ich entscheide mich dafür, leicht zu atmen, da ich weiß, dass das Leben jetzt bei mir ist. Ich weiß, dass ich mit dem gegenwärtigen Leben verbunden bin, und das gibt mir ein sicheres und lebendiges Gefühl. Heute biete ich auch anderen das Geschenk der Gegenwärtigkeit durch mein Lächeln an. Ich lächele, weil ich weiß, dass das Leben auf und durch mich lächelt. Meine Gegenwart ist ein Geschenk.«

#Teile deine Schwingung
»Ich biete das Geschenk der Gegenwart anderen durch mein Lächeln an.«

 **SCHWINGUNG 4** – Du bist sicher

Du musst dich sicher fühlen, wenn du deine Schwingung erhöhen willst. Zur Erhöhung deiner positiven Frequenz gehört es, dein Herz zu öffnen. Dazu musst du in dir einen Raum kultivieren, der sich sicher anfühlt.

Gerade ich weiß, wie es sich anfühlt, verletzlich zu sein. Als Teenager schwebte ich in ständiger Angst, nachdem ich einmal von einer Jugendgang gejagt worden war, als ich eines Abends von einem Freund nach Hause kam. Ich ging den üblichen Weg, als plötzlich ein ganzer Haufen Jugendlicher um die Ecke bog und schnell auf mich zukam. Ich hörte sie schreien und spürte die gewalttätige Energie, die von ihnen ausging. Mein Körper wollte losrennen, und ehe ich noch wusste, wie mir geschah, rannte ich die Straße entlang. Als ich mich umblickte, stellte ich fest, dass auch sie schneller geworden waren und hinter mir herliefen. Ich raste durch die Sicherheitstür unseres Miethauses, wo ich mich in Sicherheit fühlte – aber sie versuchten tatsächlich noch, die Tür einzutreten, um hereinzukommen.

Nach dieser Episode fühlte ich mich als Teenager ständig bedroht, wenn ich über die Straße ging. Erst später im Leben begriff ich, dass mein Fokus sie ermutigt hatte. Ich glaubte, angreifbar zu sein, und bekam den Gedanken nicht aus dem Kopf. Ich glaube wirklich, dass dies der Grund für ähnliche Erlebnisse in meiner Jugend war.

Zugleich kann der Zwischenfall mit den Jugendlichen als Metapher benutzt werden. Die Gang repräsentiert meine ängstlichsten Gedanken. Und wenn ich weiter vor ihnen davonlaufe, entkomme ich ihnen nie – sie werden immer in meinem Kopf bleiben. Wenn ich glaube, dass sie mich zurückhalten können, dann können sie das natürlich auch.

Um also einen sicheren Ort zu haben, müssen wir unsere Ängste anerkennen, sie »durchleben« und sie genau anschauen, um sie so zu sehen, wie sie sind.

Ängste sind nicht real. Sie sind Fantasiegebilde oder Erinnerungen an unsere Vergangenheit, die uns echt fertigmachen können. Aber Angst zu empfinden ist eine gute Gelegenheit, um sich in den Raum der Angstlosigkeit zu bewegen.

Ich habe festgestellt, dass meine eigenen Ängste am besten mit der Vorstellung verschwinden, dass ich nie wirklich verletzt werden kann. In uns gibt es nämlich ein wundervolles Licht, und es wird Seele genannt. Es ist der Teil von uns, der ewig ist und nie verletzt, beschädigt oder beschmutzt werden kann.

Wenn wir darauf vertrauen, dass wir nicht kaputtzukriegen sind, schaffen wir Erfahrungen in unserem Leben, die unser Gefühl der Sicherheit reflektieren.

SCHWINGUNG DES TAGES
»Für mich gibt es keinen sichereren Ort als meinen Körper.
Mein Körper ist das Heim meiner Seele. Mein äußeres Ich
spiegelt mein inneres Ich wider. Meine Seele ist der wahre

und reale Aspekt meines Ichs, und sie kann nie verletzt, beschmutzt oder beschädigt werden. Meine Seele ist heil und ganz. Heute bin ich in Sicherheit, weil das Licht meiner Seele schützend scheint. Ich bin sicher!«

#Teile deine Schwingung
»Ich bin sicher in meinem Körper, weil er das Heim meiner Seele ist.«

SCHWINGUNG 5 – Danke, Mutter Erde!

An meinem ersten Auto klebte ein Aufkleber auf der Stoßstange, auf dem stand: »Die Erde ist unsere Mutter, behandle sie mit Respekt.«

Wir sind gesegnet, auf dieser Erde zu sein und dieses Leben zu erfahren. Die Erde ist ein wundervoller Ort. Was hier auf diesem Planeten schiefläuft, hat nichts mit Mutter Natur zu tun – es hat nur etwas mit uns zu tun. Jeden Tag, wenn ich auf meiner Yogamatte bin, danke ich der Erde und passe mich ihrem Rhythmus an.

Wenn wir beginnen, unsere Schwingung zu erhöhen, tragen wir damit auch dazu bei, die Frequenz des Planeten zu erhöhen. Je höher unser spirituelles Bewusstsein wird, desto bewusster werden wir uns der Erde und desto mehr kümmern wir uns um den Planeten.

Wenn wir Müll auf die Straße werfen oder nicht recyceln, dann kümmern wir uns auch nicht um uns. Wenn wir der Natur helfen, ihr danken und unser Bestes tun, um unseren Teil der Welt sauber zu halten, dann halten wir sie auch spirituell sauber. Das bedeutet, dass wir mehr Raum für Licht haben.

Frage dich, was du tun kannst, um Mutter Erde zu helfen. Kannst du Vögel füttern? Im Park, am Strand oder im Wald aufräumen? Kannst du weniger Plastik benutzen oder mehr zum Recycling beitragen? All diese Schritte helfen dir, der Welt um dich herum bewusster zu werden und sogleich deine innere Welt zu reinigen.

SCHWINGUNG DES TAGES

Danke heute Mutter Erde. Ich bringe dir die Yogastellung bei,
die ich einnehme, wenn ich mich bedanke. Sie kann in
jedem Fitnesszustand durchgeführt werden, und ich glaube,
sie hilft mir, eins mit der großen Mutter zu werden.
Sie heißt Balasana (oder Stellung des Kindes). Du kannst sie
zu Hause oder sogar irgendwo im Freien üben.

※ Gehe auf die Knie und spreize sie etwa hüftbreit (oder so breit
wie deine Yogamatte, falls du eine hast). Deine großen Zehen
berühren einander.

※ Beuge dich vor und lege deine Stirn und Hände auf den Boden
vor dir.

※ Deine Handflächen liegen fest auf dem Boden, deine Finger sind
weit gespreizt.

※ Bei jedem Ausatmen sinken deine Hüften tief auf deine Fersen
herunter, sodass deine Wirbelsäule wundervoll gestreckt wird.

Du kannst dieses Gebet oder auch ein eigenes benutzen.

»Mutter Erde, ich bin dein Kind. Danke, dass du hier bist.
Es fühlt sich so gut an, hier auf diesem Planeten zu sein.
Heute gebe ich mein Bestes, um dir in deiner Evolution
zu helfen. Ich weiß, dass auch ich wachse und mich
entwickle, wenn du es tust.
Danke für alle Wohltaten, die du mir bisher hast
zuteilwerden lassen.
Ich fühle mich gesegnet.«

#Teile deine Schwingung
»Heute entscheide ich mich, die Erde zu ehren, weil sie
unsere Mutter ist.«

SCHWINGUNG 6 – Fülle beginnt im Kopf

Heute bist du aufgefordert, die Reichtümer in deinem Leben zu sehen – und zwar nicht nur die materiellen. Wir neigen dazu, unseren Reichtum daran zu messen, wie viel wir besitzen. Dadurch jedoch messen wir unseren eigenen Wert. Es besteht dabei die Gefahr, dass wir uns nie gut genug fühlen.

Das Universum misst uns überhaupt nicht. Wir sind alle perfekt, weil in uns ein vollkommener Funke des hellen Glanzes ist – eine Ausdehnung göttlicher Liebe.

Du fühlst dich vielleicht nicht perfekt oder reich, aber du bist reicher, als du denkst. Welche Gaben hast du? Welche Geschenke? Alles, was du auf dieser Erde »hast«, ist die äußere Verkörperung dessen, wie reich du dich innerlich fühlst. Wenn du dich arm fühlst, kannst du nie reich sein, deshalb ist es an der Zeit, dass du dich wieder reich fühlst.

Fülle beginnt im Kopf. Danke heute für die Menschen, die Orte, die Gaben und Geschenke in deinem Leben, sodass deine Seele sich reich fühlt.

SCHWINGUNG DES TAGES
Nimm dir Zeit, um durch die Aspekte deines Lebens zu gehen,
für die du dankbar bist, und sage:
»Ich bin dankbar, hier zu sein.
Ich bin dankbar, ein Funken des hellen Glanzes
in dieser Welt zu sein. Heute erkenne ich,
dass mein Leben in vieler Hinsicht voller Fülle und Erfüllung ist.
Ich bin reich, weil meine Seele mit göttlichem Licht erfüllt ist.

Ich lasse dieses Licht durch meinen gesamten Tag
und mein ganzes Leben leuchten.
Es fühlt sich so gut an, so gesegnet zu sein.«

#Teile deine Schwingung
»Meine Welt spiegelt meine inneren Reichtümer wider
und ist voller Fülle.«

SCHWINGUNG 7 – Freundlichkeit ist cool, Baby!

Das spirituelle Gesetz der Anziehung ist einfach. Es lehrt uns, dass das geschieht, woran wir glauben. Es ist wirklich wichtig, dass du diese alte, heilige Lehre annimmst, damit du eine Denkweise kultivieren kannst, die für dich und nicht gegen dich arbeitet.

Dein innerer Dialog hat viel damit zu tun, was du glaubst und wie du die Welt erlebst. Sind die Gespräche in deinem Kopf immer liebevoll? Oder sind sie erfüllt von Ängsten?

Es ist okay, Ängste zu haben, aber es ist auch wichtig zu wissen, dass dein natürlicher Zustand – der größte Teil von dir – Liebe ist.

Um den natürlichen Zustand der Liebe in dir anzuerkennen, wirst du heute aufgefordert, freundliche Gespräche mit dir zu führen. Wie du dich selbst siehst und mit dir sprichst, hat viel mit dem zu tun, was du glaubst. Stelle dich also heute vor den Spiegel und finde heraus, was dann passiert. Beginnst du, dich zu kritisieren? Wie kannst du dein inneres Gespräch liebevoller gestalten? Wie kannst du netter zu dir selbst sein? Wie du bereits weißt, ist dein Körper das Heim deiner Seele. Es ist der Tempel für dein göttliches Licht, warum willst du ihn also nicht würdigen und freundlich mit dir sprechen?

Wenn du beginnst, liebevoll mit dir zu reden, und dein Ego (dieser innere Kritiker) widerspricht dir, dann sei auch zu ihm nett. Sag: »Danke, dass du mir das mitteilst, aber heute möchte ich gerne freundlich sein.«

Wenn du nett zu dir selbst bist, dann ist deine Energie offen für

Freundlichkeit auf allen Ebenen. Diejenigen, die dich lieben, haben es leichter mit dir und du auch mit ihnen. deine Freundlichkeit mit dir ist ein liebevolles Gebet für die Welt. Und du gibst ein Beispiel für die Menschen in deiner Umgebung und die nachfolgenden Generationen.

SCHWINGUNG DES TAGES
»Heute entscheide ich mich, freundlich zu mir selbst zu sein. Heute entscheide ich mich, meine Seele zu ehren. Heute erkenne ich, dass mein natürlicher Zustand gut ist. Ich lasse alle falschen Gedanken und kritischen Beurteilungen verblassen. Meine Freundlichkeit ist ein Gebet an das Göttliche in mir und das Göttliche in anderen. Ich lasse Freundlichkeit durch alle Bereiche meines Lebens fließen.«

#Teile deine Schwingung
»Meine Freundlichkeit ist ein Gebet an das natürliche Gute, das in uns allen wohnt.«

SCHWINGUNG 8 – Bleib ruhig und kooperiere

Manchmal lässt man sich ganz leicht in Gedanken hineinziehen, dass das Leben gegen einen ist, aber das stimmt nicht! Das Universum arbeitet immer in Übereinstimmung mit deinem freien Willen. Es will, dass du glücklich bist, voller Fülle und erfüllt. Es liebt dich mehr, als Worte beschreiben können. Lass dich von ihm stützen.

Heute bist du eingeladen, mit dem Universum zusammenzuarbeiten, indem du ruhig bleibst. Wenn etwas »schiefgelaufen« ist, dann hat das Universum vielleicht einen größeren Plan. Bleibe ruhig, statt zusammenzubrechen oder durchzudrehen. Denke daran, dass das Energiefeld, das dich umgibt und durch dich hindurchgeht, auf jeden Gedanken, jedes Gefühl und jede Absicht von dir reagiert. Wenn du das Gefühl hast, es arbeitet gegen dich und du bist auf einem karmischen Weg, dann wirst du das auch so erleben.

Entscheide dich also heute für das Wissen, dass das Licht in dir dich unterstützt, dich hält und führt. Hole tief Luft und vertraue darauf, dass das Universum mit dir kooperiert, wenn du mitmachst. Ihr seid ein Team. Es ist dein größter Fan, dein größter Unterstützer und der Cheerleader deiner Seele.

SCHWINGUNG DES TAGES
»Das Universum ist mein größter Unterstützer.
Heute entscheide ich mich dafür, zu kooperieren und ruhig
zu bleiben. Die Macht, die mich geschaffen hat, arbeitet immer
zu meinen Gunsten. Das weiß ich und ich vertraue darauf.«

#Teile deine Schwingung
»Das Universum ist der größte Cheerleader meiner Seele.«

SCHWINGUNG 9 – Rock dein Wurzelchakra!

Dein Wurzelchakra, Muladhara, ist eines der sieben großen spirituellen Zentren in deinem Körper. Es liegt am unteren Ende deiner Wirbelsäule und repräsentiert deine Stabilität, deine Sicherheit, deine Verbindung zur Erde und den Menschen, die du liebst, und deine Fähigkeit, aufrecht zu stehen. Seine Farbe ist Rot – die grundlegende Farbe für Konzentration und Kraft.

Unsere Chakras sind unsere spirituelle Anatomie. Wenn sie ausbalanciert sind, erfahren wir eine tiefere Verbindung zu uns selbst und unserer inneren Führung. Wenn das Wurzelchakra überaktiviert ist, hängen wir zu sehr an der physischen Welt mit all ihren Inhalten und sind zu sehr auf gewisse Annehmlichkeiten, Personen oder Dinge um uns herum angewiesen. Es ist zwar cool, Dinge zu haben, mit denen wir uns wohlfühlen, aber wir verlieren unsere innere Kraft, wenn wir zu sehr daran hängen.

Das Wurzelchakra kann auch leer sein. Das passiert sehr leicht, vor allem, wenn zu viele Menschen sich auf uns verlassen oder wir zu viel

Druck im Leben haben. Dann haben wir das Gefühl, dass es in unserem Leben an etwas fehlt, dass nicht genug für alle da ist, und vielleicht sogar, dass wir nicht sicher sind. Auf körperlicher Ebene haben wir Rückenschmerzen, wenn unser Wurzelchakra leer ist, und unsere Finanzen schwinden vor unseren Augen.

Es ist immer gut, sich um das Wurzelchakra zu kümmern und seine Energie aufzufüllen, wenn es nötig ist. Versuch es einmal mit der folgenden Visualisierung.

SCHWINGUNG DES TAGES

☀ *Lege deine Hände, die rechte auf die linke, flach auf die Stelle direkt unter deinem Schambein. Atme hinein.*

☀ *Stelle dir vor, dass dort ein hübsch geformter Kegel mit rotem Licht von deinem Steißbein kommt und sich unter deinen Händen verwirbelt. Dann sage:*

»Ich bin in Frieden mit mir selbst. Ich bin in Frieden mit meinem Körper. Ich bin in Frieden mit der Erde. Ich bin sicher aufgrund meiner Seele. Ich bin ungebunden aufgrund meiner Stärke. Ich bin stark verwurzelt mit der Erde. Ich akzeptiere vollständig, dass ich alles, was ich brauche, in mir habe. Es ist mein spirituelles Recht, mit mir selbst verbunden zu sein. Ich bin verwurzelt, fokussiert und frei.«
– Atme/meditiere, solange du es brauchst.

#Teile deine Schwingung
»Ich bin mit meiner inneren Stärke verwurzelt.«

SCHWINGUNG 10 – Mache kein finsteres Gesicht

Alles, was du in dieser Welt tust, strahlt wie eine Energiewelle von dir aus. Wenn du freundlich, glücklich und harmonisch bist, überschwemmt diese Welle alle, die deinen Weg kreuzen. Und die Freundlichkeit, die du teilst, kommt letztendlich zu dir zurück.

Die Leute sagen immer: »Wie man in den Wald hineinruft, so schallt es heraus!« Und wenn jemand in seinem Leben auf viele Herausforderungen stößt, lässt er gerne das Wort »Karma« fallen, aber das ist nicht richtig. Karma, das Gesetz von Ursache und Wirkung, ist letztlich ein spirituelles Mittel, um uns aufzufordern, freundlich und liebevoll zu sein.

Wenn du freundlich zu anderen bist, bist du auch liebevoll zu dir. Wenn du dich darauf fokussierst, was dich glücklich macht, dann ist das, als ob die Türen deines Herzens aufschwingen und du den Raum der Liebe betrittst, der darin ist. Wenn du diese Liebe erfährst, ziehst du auch alle anderen in deiner Umgebung mit in diesen Raum. Jedes Mal also, wenn du Freude und Glück empfindest, hast du den Raum für andere, das auch zu erleben. Dein Glück ist eine heilende Welle für die ganze Welt.

Heute bist du aufgefordert, all die einfachen Dinge zu erkennen, die dich glücklich machen. Wenn du glücklich bist, erhöhst du deine Schwingung zum Göttlichen und erlaubst anderen, ihre Schwingung ebenfalls zu erhöhen. Glück ist ansteckend. Denke darüber nach. Wenn jemand anfängt zu lächeln, musst du unwillkürlich mitlächeln, oder nicht?

Die heutige Übung besteht darin, zu lächeln, so viel du kannst. Biete das Geschenk der Freude allen an, denen du begegnest. Halte überall, wo du hingehst, Ausschau nach den einfachen Freuden, die uns umgeben.

Erkenne heute, dass Glück ein Geschenk ist. Jedes Mal, wenn du es zulässt, gehört es dir.

SCHWINGUNG DES TAGES

»Glück ist ein Geschenk. Ich bin mit Freude gesegnet.
Mit jedem Lächeln, das ich teile, teile ich auch dieses Geschenk.
Heute erkenne ich die Freuden in meiner Welt.«

#Teile deine Schwingung
»Mein Glück schickt Heilung in die Welt.«

FLIESSEN

Chakra: Svadisthana (sakral)
Sitz: Zwischen den Genitalien und dem Schambein
Farbe: Orange
Element: Wasser

Svadisthana ist ein Sanskrit-Wort und bedeutet »eigene Wohnstätte«. Es ist der Name des spirituellen Energiezentrums, das jeden Aspekt der Kreativität und Sexualität steuert. In der Natur wäre das Sakralchakra das Wasser, das den Boden durchdringt, sodass die Samen keimen und wachsen können.

Die Körperteile, die zu diesem Chakra gehören, sind die Genitalien und der untere Bauchraum. Dieses Zentrum steuert das Reproduktionssystem und die Fähigkeit, Leben in die Welt zu bringen. Hier trittst du in den Fluss deiner Welt, verbindest dich mit dem Element Wasser und schaffst Raum in dir, um die heiligen Aspekte deines Seins zu ehren. In den folgenden Lektionen wirst du in deine Emotionen und deine Kreativität eintauchen und dir Zeit für deine Sexualorgane nehmen.

SCHWINGUNG 11 – Heilige Gefühle (schicke Liebe zu deinen Geschlechtsorganen)

Das Sakralchakra ist der heilige Raum unserer Reproduktionsorgane und repräsentiert daher unsere Fähigkeit zu erschaffen. Von diesem Zentrum aus können wir Leben erschaffen. Was sonst noch?

Um heute deine Schwingung zu erhöhen, bist du aufgefordert, dir deine Geschlechtsorgane auf liebevolle Weise anzuschauen. Ein großer Teil der Scham sitzt in den Genitalien, und das muss sich ändern. Wir haben das liebevolle Gefühl für unsere Genitalien verloren, und es ist an der Zeit, es wiederzufinden. Mit diesen wundervollen Körperteilen können wir uns lieben und Leben in die Welt bringen. Sie sind heilig, göttlich. Für das Universum sind sie der Raum, in dem wir erschaffen.

Heute bist du aufgefordert, Liebe von deinem Herzen zu deinen Genitalien zu schicken. Danke ihnen im Stillen dafür, dass sie ihren göttlichen Part in deinem Leben spielen.

Wenn du das heilige Zentrum der Schöpfung als schön erkennst, kommst du in besondere Harmonie mit deiner inneren Kreativität – und das ist der Teil von dir, der positive Gedanken in dein Leben bringt!

SCHWINGUNG DES TAGES

☀ *Stelle dir mit offenen oder geschlossenen Augen ein wundervolles Licht vor, das von deinem Herzzentrum zu deinen Genitalien strömt. Stelle dir vor, in ein goldenes Licht bedingungsloser Liebe eingehüllt zu sein.*

※ *Bedanke dich bei deinen Genitalien, weil sie so besondere Werkzeuge sind. Sage:*

»Heute ehre ich die Heiligkeit meines Körpers.
Meine Sexualorgane sind ein Geschenk,
und ich bin dankbar dafür. Ich habe heute das Licht
der Schöpfung in mir.
Ich lasse zu, dass ich frei fließe und ausdrücke, wer ich bin.«

#Teile deine Schwingung
»Ich empfange Freiheit, weil ich mein heiliges Ich ehre.«

SCHWINGUNG 12 – Verkörpere deinen Körper!

Ist dir auch schon aufgefallen, wie trendy es geworden ist, beschäftigt zu sein? Wir alle haben volle Terminkalender und sind daran gewöhnt, ständig auf dem Sprung zu sein.

Es ist nicht falsch, beschäftigt zu sein, aber manchmal lassen wir uns zu tief in den Strudel von Aktivitäten hineinziehen und vergessen unsere eigenen Bedürfnisse. So verpassen wir viele Botschaften, die unser Körper und unsere Seele uns schicken.

Hast du es zugelassen, dass du süchtig nach Arbeit bist? Fühlst du dich verloren, wenn dein Terminkalender für den Tag leer ist? Wenn die Antwort »Ja« lautet, ist es Zeit, das zu ändern.

Ist dir schon einmal aufgefallen, dass du manchmal krank wirst, wenn du eine arbeitsreiche Zeit hinter dir hast und dann in Urlaub fährst? Damit macht dein Körper dir unmissverständlich klar, dass es Zeit ist, innezuhalten und dich mit dir zu beschäftigen.

Dein Körper ist dein klarstes Führungssystem. Wenn du dir das wundervolle Geschenk machst, dir Zeit für dich zu nehmen, wirst du hören, was der Körper dir sagen will. Wenn du dich regelmäßig mit deinem Körper beschäftigst, wirst du keine Probleme mehr mit stärkeren Signalen haben, wenn dein Körper deine Aufmerksamkeit braucht.

Heute bist du aufgefordert, zu deinem Körper zu gehen. Nimm dir Zeit, um dich für deinen Körper und die Botschaften, die er dir schickt, zu bedanken. Dein Körper will nur, dass du glücklich und gesund bist. Wenn du ihm wirklich zuhörst, dann wird er dir sagen, was er braucht, damit es ihm gut geht.

Du kannst deinen Körper sogar fragen, ob er bestimmte Nahrungsmittel oder Getränke haben möchte. Du musst nur deine Augen schließen, bewusst atmen, an das Nahrungsmittel oder das Getränk denken und fragen: »Möchtest du das heute?« oder »Bist du heute damit einverstanden?« Instinktiv wirst du ein deutliches Gefühl für »Ja« oder »Nein« bekommen.

Wenn du die natürlichen Rhythmen und Botschaften deines Körpers stärker wahrnimmst, wirst du spirituell »verkörpert«, und dieser tiefere Zustand der Wahrnehmung erlaubt dir, deine Schwingung zu erhöhen.

Dein Körper ist das Heim deiner Seele. Höre ihm zu und lerne, wie er dich auf deinem spirituellen Weg unterstützen kann.

SCHWINGUNG DES TAGES

☀ *Schließe die Augen und hole ein paarmal tief Luft.*
So wirst du dir deines Körpers und des natürlichen
Atemflusses bewusst.
☀ *Lege instinktiv deine Hände auf einen Teil deines Körpers,*
der deine Aufmerksamkeit oder mehr Energie braucht.
☀ *Atme tief in deine Hände, um zusätzliche Lebenskraft-*
Energie zu diesem Bereich des Körpers zu bringen.
☀ *Höre auf alles, was dein Körper dir sagen will.*
Nimm die natürlichen Zeichen, Signale und Botschaften wahr,
die er dir sendet.
☀ *Wenn du bereit bist, äußere deine Absicht*
mit folgenden Worten:

»Heute entscheide ich mich, in meinem Körper anzukommen.
Es fühlt sich so gut an, mit den natürlichen Botschaften meines
Körpers verbunden zu sein. Jede Zelle meines Seins ist heute

gesegnet, weil ich in Kontakt mit einem tieferen Teil
meines Ichs bin. Ich bin so dankbar für die Chance zu erfahren,
wann mein Körper meine Aufmerksamkeit und Liebe braucht.
Jeder Atemzug erneuert mich auf jede Art,
die richtig für mich ist. Ich bin verkörpert, verbunden
und in Kontakt mit dem, der ich wirklich bin.«

#Teile deine Schwingung
»Mein Körper sagt mir immer, was er braucht.«

SCHWINGUNG 13 – Sensibilität ist etwas Besonderes

In unserer Welt ist man noch nie wirklich ermutigt worden, Gefühle auszudrücken. Du brauchst dir bloß durchschnittliche Eltern anzugucken, deren Kind sich gerade weh getan hat. »Schscht«, sagen sie und reiben über die verletzte Stelle. »Hör auf zu weinen, ist schon wieder gut.«

Haben deine Eltern ihre Emotionen gezeigt oder nicht? Hast du deine Mutter jemals weinen gesehen oder hat sie eher behauptet, es gehe ihr gut, wenn es ihr in Wirklichkeit schlecht ging? Hat dein Vater seine Gefühle versteckt? Höchstwahrscheinlich. Von frühester Kindheit an lernen wir, dass es falsch ist, zu emotional zu sein.

Und dabei sind Emotionen ein Geschenk. Sie sind Botschaften unseres Körpers und unseres Herzens, die uns sagen, dass etwas wichtig ist. Wenn wir sie ignorieren, missachten wir die Führung des Universums. Wenn du deine Schwingung erhöhst, beginnst du deinen Emotionen zu vertrauen, und die Einsichten, die das Universum uns schenkt, werden klar wie der Tag.

Heute bist du aufgefordert, deine Emotionen zu beobachten. Was sind sie? Wie kannst du sie ausdrücken?

Wenn du es dir wirklich erlaubst, deine Emotionen auszudrücken, dann gibst du dir damit die Chance, die Botschaften, die dich auf einem intuitiven Level erreichen, zu hören.

70

Wahre Emotionen sind wunderschön, und es ist in Ordnung, sensibel zu sein.

SCHWINGUNG DES TAGES

»Emotionen sind Boten der Seele. Es ist in Ordnung für mich,
sie zu fühlen. Wenn ich anerkenne, wie ich mich fühle, kann ich
mich der Stimme meiner Seele öffnen. Meine Intuition spricht
durch meine Emotionen zu mir. Heute nehme ich meine
Emotionen wahr und lasse sie frei durch mich hindurchfließen.
Es ist sicher, sie auszudrücken.«

#Teile deine Schwingung
»Meine Emotionen sind die Boten meiner Seele.
Ich nehme sie voll und ganz an.«

Schwingung 14 – Vergiss die Mode – folge deiner Leidenschaft!

Wir sind so gesegnet in dieser Welt, weil es unzählige Gelegenheiten für uns gibt, zu lernen und zu wachsen. Die Schönheit dieser Welt liegt darin, dass wir alle unterschiedlich sind und unsere eigenen Interessen haben. Wir alle haben etwas, das uns mit Leidenschaft erfüllt.

Leidenschaft ist eine natürliche Energie, die durch uns alle fließt. Sie hilft uns auszudrücken, wer wir wirklich sind, und unsere Gaben, Talente und Kreativität mit der Welt zu teilen.

Unsere Leidenschaft kann mit unserem Beruf oder auch mit einem Hobby, das wir betreiben, verbunden sein. Ich zum Beispiel liebe Yoga und Snowboarden. Wenn ich eine dieser Aktivitäten ausübe, geht es mir gut. Wenn ich diesen Adrenalinstoß oder die Erfüllung beim Training spüre, denke ich nicht mehr an Mangel oder Beschränkungen und fühle mich erfüllt und getragen.

Unsere wahre Gestalt – unsere Seele – ist immer an einem Ort, der voller Unterstützung, Fülle und Erfüllung ist. Wenn wir das tun, was wir lieben, breitet sich dieses Gefühl der Fülle in unserem Körper und in unserer Seele aus – wir erfahren es auf einer körperlichen Ebene.

Was ist deine Leidenschaft? Was tust du gerne? Wenn du dich dazu entschließt, das zu tun, was du liebst, drückst du dich vollständig aus und bist deine Seele.

Deine Leidenschaft trägt auch Früchte. Wenn du nicht ständig daran denkst, was du tun solltest, und instinktiv deinem Gefühl für das Richtige folgst, schwinden alle Beschränkungen in deinem Kopf. Wenn du an einem Ort tiefer Aufregung und Liebe bist, ist deine Schwingungsebene so hoch, dass du mit der Totalität der Möglichkeiten in Kontakt bist und dich auf einer Frequenz bewegst, die unbegrenzte Unterstützung und Potenzial für dich bereithält. Wenn du glaubst, dass du die Fähigkeit hast, positive Veränderungen in deinem Leben zu bewirken, dann ist jetzt der Zeitpunkt gekommen, es zu tun, mein Freund. Wenn du innerlich vor Leidenschaft pulsierst, bist du buchstäblich im Herzen des Universums und kannst das Leben wahr werden lassen, das du liebst.

SCHWINGUNG DES TAGES
Heute bist du aufgefordert, dir Zeit zu nehmen,
und wenn es nur zehn Minuten sind, um das zu tun,
was du liebst, oder, wenn das wirklich nicht möglich ist,
von dem zu träumen, was du liebst. Es ist wichtig,
dass dies ohne Druck oder Erwartung geschieht, also such
dir etwas aus, was nichts mit deiner Arbeit zu tun hat.
Wenn du tust, was du liebst (oder davon träumst),
spüre die Erregung. Genieße jeden Moment und nimm
ihn vollständig auf.
Wenn du Ziele oder Träume hast, die in deinem Leben wahr
werden sollen, dann denke an sie und sage:

»Es fühlt sich so gut an, das zu tun, was ich liebe. Wenn ich
meine Leidenschaft im Leben erlebe, bin ich ungebunden und
grenzenlos. Meine Leidenschaft ist eine Form von Wachstum,

und es fühlt sich so gut an zu gedeihen! Ich bewege mich
in die Vielzahl der Möglichkeiten um mich herum.
Es fühlt sich so gut an, mehr von dem, was ich liebe, in meinem
täglichen Leben zu erfahren! Und so ist es!«

#Teile deine Schwingung
»Meine Leidenschaften zu erfahren heißt, Gedeihen zu erleben.«

SCHWINGUNG 15 – Halte deine Beziehung real!

Wenn du beginnst, deine Schwingung zu erhöhen, hast du eine größere Vorstellung von dem, was du bist, was du anzubieten hast und was du auf deinem Weg gern erfahren möchtest. Das bringt mehr Klarheit in deine Beziehungen.

Je tiefer die spirituelle Erforschung, desto tiefer wird auch dein Bedürfnis nach aufrichtigen Beziehungen sein. Dabei musst du wissen, dass in einem spirituellen Sinn keine Beziehung in unserem Leben falsch ist. Jede Person, der du auf deinem Weg begegnest, bietet dir die perfekte Gelegenheit, dich mit dem Göttlichen zu verbinden.

Wenn es jedoch in deinem Leben Menschen gibt, mit denen du nicht auf einer Wellenlänge bist, ist das okay. Du brauchst dich deshalb nicht schuldig zu fühlen. Wenn in spirituellen Zirkeln zwei Personen nicht miteinander auskommen, sagt eine immer so etwas wie: »Und du willst spirituell sein!« Aber es macht niemanden mehr oder weniger spirituell, jemand anderen nicht leiden zu können.

Wenn du feststellst, dass eine Beziehung in deinem Leben nicht mit deinem Weg übereinstimmt und du willst mit dieser Person nichts mehr zu tun haben, dann hörst du auf deine Seele. Wenn du beschließt, diese Beziehung loszulassen, dann ehrst du die göttliche Führung.

Statt dich benutzt oder missbraucht zu fühlen, sei einfach aufrichtig mit dir selbst und der betreffenden Person. Wenn du jemandem das Geschenk der Aufrichtigkeit anbietest, nimmst du das Gewicht der Welt von deinen eigenen Schultern und bietest der anderen Person das Geschenk der Freiheit.

Wenn du bereit bist, eine Beziehung aufzugeben, dann arbeite daran, dies so mitfühlend und wertschätzend wie möglich zu tun. Schicke der Person Liebe und Dankbarkeit für die Beziehung bis zu diesem Punkt. Dann stelle dir vor, wie du alle angstvollen und einschränkenden Schnüre durchschneidest, die euch beide zurückhalten.

Um mehr in deinem Flow zu sein und erfüllende Beziehungen zu erleben, musst du vor allem aufrichtig mit dir selbst sein. Wonach suchst du? Und wenn du bereit bist, einen Partner zu finden oder eine Freundschaft mit jemandem zu führen, der aus dem gleichen Raum kommt wie du, dann denke darüber nach, wie du dafür Raum in deinem Leben schaffen kannst. Wenn du ein besonderes Hobby liebst und gerne hättest, dass jemand es mit dir teilt, kannst du dann einer Gruppe Gleichgesinnter beitreten? Bist du offen, neue Kontakte zu knüpfen? Kannst du deine Gedanken ans Universum schicken? Stelle dir vor, du seist umgeben von gleichgesinnten, freundlichen Menschen – ganz so wie du.

Bedanke dich für die Beziehungen, die du liebst. Sage den Menschen, mit denen zu tun hast, was du an ihnen liebst, frage sie, wie du sie unterstützen kannst, und sei aufrichtig in deiner Dankbarkeit für die positive Verbindung, die du hast.

SCHWINGUNG DES TAGES
*Heute bist du aufgefordert, die Aufrichtigkeit deiner
Beziehungen zu würdigen, indem du dankbar bist
für die Menschen in deinem Leben und die guten Zeiten,
die ihr miteinander verbracht habt.
Wenn du dich von einer Beziehung herausgefordert fühlst,
die dir wichtig ist, dann musst du eher ihre positiven Punkte
als ihre Schwächen betonen, um dich mit hoher
Schwingung vorwärtszubewegen.
☼ Schließe deine Augen und denke an die Beziehungen,
die dein Leben berührt haben.*

☀ *Danke für die nahestehenden Menschen und stelle dir vor,*
sie seien ultimativ glücklich. Dann sage:

»Alle Beziehungen in meinem Leben spiegeln Aufrichtigkeit
wider. Ich bin dankbar für die Menschen, die mich lieben.
Es fühlt sich so gut an zu wissen, dass ich klar in meinen
Beziehungen bin und ich in vollkommener Ausgewogenheit
unterstütze und unterstützt werde. Jede Beziehung in meiner
Welt ist eine göttlich geführte Beziehung. Heute erkenne ich
das Göttliche in mir selbst und anderen.«

#Teile deine Schwingung
»Jede Beziehung ist eine Gelegenheit, um das Göttliche
zu erfahren.«

SCHWINGUNG 16 – Du kannst niemals versagen, du kannst nur fühlen!

Das Wort »Versagen« hören wir nicht gerne. Wir fürchten es und möchten es am liebsten vermeiden. Aber »Versagen« ist eine Illusion, die die äußere Welt für uns geschaffen hat – und es ist unsere Entscheidung, ob wir auf den Albtraum hereinfallen oder nicht.

Nach dem spirituellen Gesetz können wir gar nicht wirklich versagen. Unsere Energie ist grenzenlos, weil das Universum grenzenlos ist und wir das Universum *sind*.

Heute wirst du die alte Vorstellung des Versagens angehen, um sie ein für alle Mal zu überwinden.

Um über eine einschränkende Vorstellung wie Versagen hinwegzukommen, musst du erst einmal verstehen, wie sie entstanden ist. Scheitern ist nur eine subjektive Meinung in Bezug auf das Ergebnis einer Situation. Wenn wir von »Scheitern« sprechen, meinen wir damit im Grunde, dass etwas nicht so ausgegangen ist, wie wir es uns vorgestellt haben.

Was jedoch wäre, wenn »versagen« nur bedeutet, dass das Universum einen anderen Plan hatte? Wenn nun etwas »schiefgehen« würde, um in ein größeres Bild zu passen? Wenn es nun eine bessere Gelegenheit für dich gäbe, die du verpasst hättest, wenn alles nach Plan verlaufen wäre?

Heute bist du aufgefordert, deine Erwartungen aufzugeben. Es ist Zeit, dir klarzumachen, dass du das Universum gar nicht enttäuschen kannst, weil es überhaupt keine Erwartungen an dich hat. Du bist aufgefordert, dir klarzumachen, dass Versagen nur ein Gefühl ist, die Erkenntnis, dass Dinge nicht so gelaufen sind, wie du es wolltest. Es bedeutet nicht, dass sie nicht trotzdem gut werden können.

Versagen kann es nur für Menschen geben, die kontrollieren wollen. Um also die Vorstellung des Versagens zu überwinden, bist du aufgefordert, die Idee der Kontrolle aufzugeben.

Du sendest Energie auf alles aus, worauf du dich konzentrierst, ob es nun gut oder schlecht ist. Wenn du Versagen fürchtest, programmierst du dich darauf. Ergibst du dich aber dem Universum, dieser ultimativen Kraft des Guten, dann wirst du auch nur Gutes erfahren.

Halte dir vor Augen, dass das Universum einen größeren Plan hat, wenn deine Pläne schieflaufen. So einfach ist das. Keine äußere Leistung wird jemals bestimmen, wie wundervoll du bist, sagt das Universum. Es will, dass du darauf vertraust, dass es immer nur zu deinem Besten arbeitet.

Du kannst gar nicht von deinem Weg zum Wachstum abweichen. Du kannst niemals darin scheitern zu sein, wer du bist. Jede Erfahrung in deinem Leben ist eine perfekte Gelegenheit, dich selbst auf einer tieferen Ebene kennenzulernen.

SCHWINGUNG DES TAGES
»Heute wird mir klar, dass keine äußere Erfahrung oder
Leistung meinen Selbstwert bestimmen kann.
Meine einzige Wahrheit ist, dass ich ein Ausdruck
des Göttlichen bin.

Als Ausdruck des Göttlichen bin ich ein Wesen
bedingungsloser Liebe. Ich akzeptiere, dass ich immer
das Beste tue, was ich kann.
Ich ehre mich und meine Reise.
Ich erkenne, wie weit ich gekommen bin, und ich genieße
im Moment die Aussicht.
Heute weiß ich, dass ich von meinem Weg nicht abgewichen bin,
weil ich mich gefunden habe.

#Teile deine Schwingung
Keine Erfahrung oder Leistung kann meinen Wert bestimmen,
weil Liebe nicht gemessen werden kann.«

SCHWINGUNG 17 – Akzeptiere, dass du großartig bist

Um ein erfüllteres Leben führen zu können und dich mit dir wohlzufühlen, akzeptiere, wie großartig du bist. Allein die Tatsache, dass du hier auf der Erde bist, ist schon wundervoll. Aber du solltest wirklich einmal darüber nachdenken, dass du ein gehendes, sprechendes Wunder bist!

Du bist eine Seele in einem Körper und aus diesem Grund hast du ein unendliches Potenzial. Du bist ein grenzenloses Wesen, das in einer Welt lebt, die Grenzen schafft. Wie sollst du damit umgehen?

Wenn du an deine Grenzen stößt oder frustriert und wütend auf jemanden (oder auf dich selbst) bist, tust du dir keinen Gefallen. Wenn du ständig bedauerst und ein Leben voller »hätte, könnte, sollte« führst, schränkst du deine gesamte irdische Erfahrung ein. Wenn du ständig nur an die Vergangenheit denkst, dann wiederholst du letztendlich nur deine eigene Geschichte, statt dich vorwärts zu bewegen. Jedes Mal, wenn du das Gefühl hast, von der Welt zurückgehalten zu werden, musst du daran denken, dass du ein Geschöpf mit brillantem Potenzial bist.

Dein wahres Ich kennt keine Grausamkeit. Dein wahres Ich ist immer geheilt und vollständig. Es ist nur das Ego, der einschränkende, denkende Verstand, der dich durch Selbst-Sabotage einschränken und anderen Schaden zufügen will.

Akzeptanz ist die spirituelle Kunst, dein wahres Ich anzuerkennen. Es ist der Moment, in dem du beschließt, die Angst loszulassen und dich von der Liebe führen lässt. Wenn du dich akzeptierst, sind Vorwurf, Beurteilung und Wut nicht mehr wichtig. Wenn du alles und jeden genauso akzeptierst, wie sie sind, fühlst du dich stark und heil.

Wenn du akzeptierst, dass du ein unglaubliches, zutiefst spirituelles Wesen bist, nimmst du deine Wahrheit an. Und du bist großartig!

SCHWINGUNG DES TAGES
Stelle dir selbst die folgenden Fragen.
Nach jeder Frage schließe deine Augen und atme.
Fühle wirklich die Antwort deiner Seele auf das, was du fragst.
»Wie gut würde es sich anfühlen, akzeptiert zu werden?«
»Was kann ich tun, um mich selbst mehr zu akzeptieren?«
»Wie kann ich meine Vergangenheit aufnehmen,
um meine Gegenwart erfahren zu können?«
Dann setze deine Absichten fest:

»Heute entscheide ich mich, mich und die Welt zu akzeptieren.
Ich beschließe, über Gedanken hinauszugehen, die mich in der
Vergangenheit eingeschränkt haben. Ich lasse alle Handlungen
und Erfahrungen los, die grausam waren. Ich erkenne an,
dass mein wahres Ich Liebe ist. Mein wahres Ich leuchtet.
Mein wahres Ich ist lichterfüllt. Mein wahres Ich ist real.
Heute akzeptiere ich, wer ich bin: eine Seele, ein Ausdruck
von Liebe und ein wichtiger Teil der Welt.«

#Teile deine Schwingung
»Ich akzeptiere die Ganzheit meiner Seele.«

SCHWINGUNG 18 – Verabrede dich mit deinen Wünschen

»Wunsch« ist ein mächtiges Wort. Es ist intensiv, fließend und aufregend. Es ist nicht nur ein Wort – es ist ein Gefühl, ein Sehnen nach etwas oder jemandem, vielleicht sogar eine Fantasie. In der Vergangenheit haben wir alle unsere Wünsche irgendwann aufgegeben, aber heute ändert sich das.

Es ist wichtig zu wissen, dass du Wünsche haben darfst. Du darfst dich sehnen und du darfst diese Wünsche und Sehnsüchte auch erfahren.

Wir alle wollen im Leben irgendwo hinkommen, unsere Ziele erreichen. Es ist in Ordnung, Dinge zu wollen und nach etwas zu streben – vor allem, wenn du auf dem höchstmöglichen Weg bist.

Wenn du einen Wunsch hast, solltest du zuerst einmal überprüfen, ob er gesund ist. Frage dich also vor allem, warum du etwas unbedingt haben willst. Wenn der Grund ist, dass es dich glücklich oder zu einem besseren Menschen macht, dann ist es cool! Natürlich kann keine Sache oder Situation dich göttlicher machen, als du bereits bist. Aber du darfst diese Welt und alles, was darin ist, genießen. Atme einen Moment lang mit dieser Erkenntnis – du darfst Wünsche haben!

Die meisten Menschen gestatten es sich nicht, Wünsche zu haben, weil sie dann das Gefühl haben, egoistisch zu sein. Es ist beinahe so, als glaubten sie, jemand anderen zu berauben, wenn sie etwas besonders Luxuriöses oder Teures haben möchten. Aber wenn wir etwas bekommen, bringen wir tatsächlich die Welt ins Gleichgewicht.

Viele Menschen haben das Gefühl, ständig nur zu geben. Wir können das Gefühl entwickeln, so viel von uns zu geben, dass nichts mehr übrig bleibt.

Wenn wir etwas bekommen, ist jedoch sofort das Gleichgewicht wiederhergestellt. Und wir bringen den Menschen um uns herum bei, dass auch sie etwas bekommen können.

Das Universum teilt gerne seine Energie mit uns. Und diese Energie ist unendlich, sie hört niemals auf zu sein und sie kann niemals sterben. Es gibt mehr als genug Energie im Universum für jeden, und diese Energie ist der Schöpfer aller Dinge. Mache dir heute klar, dass es keinen Mangel im Herzen des Schöpfers gibt und auch du brauchst keinen Mangel in deinem Leben zu haben.

Wenn du beschließt, deine Wünsche zu ehren, gibst du dir selbst die Erlaubnis, mit dem Universum zu tanzen und Unterstützung für dein Wachstum und dein Glück zu erhalten.

SCHWINGUNG DES TAGES

Du bist aufgefordert, dich heute mit deinen Wünschen
zu verabreden.
※ *Was wünschst du dir im Leben?*
※ *Wie wirst du dich fühlen, wenn diese Wünsche*
erfüllt werden?
※ *Was kannst du tun, um dieses Gefühl jetzt zu erzeugen?*
※ *Wie kannst du dieses Gefühl ausdrücken?*
※ *Tue es!*

Hier ist die Absicht für heute:
»Wünschen ist eine mächtige Emotion. Ich habe erkannt,
dass ich Bedürfnisse habe, und ich ehre sie endlich.
Es ist in Ordnung, dass ich ein paar Dinge vom Leben will,
es ist genug für alle da. Wenn ich empfange, bringe ich
Gleichgewicht in die Welt. Wenn sich meine Wünsche erfüllen,
zeige ich anderen, dass sich ihre Wünsche auch erfüllen können.
Ich bin dankbar, dass das Universum mich hält, wenn es meine
Bedürfnisse zum Besten aller erfüllt.«

#Teile deine Schwingung
»Heute bin ich mit meinen Wünschen verabredet,
und es fühlt sich so gut an!«

Ich habe immer schon gerne getanzt. Ich liebe es, mich zu meiner Lieblingsmusik zu bewegen. Was mich beim Tanzen immer noch zusätzlich trägt, ist die Vorstellung, dass um mich herum alle Engel tanzen.

Wenn wir unsere Hüften schwingen, bewegen wir uns im Wesentlichen im Fluss des Lebens. Wenn wir zu unserer Lieblingsmusik ganz ungehemmt tanzen, lassen wir für ein paar Minuten unsere Ängste und Sorgen los. Auf einem spirituellen Level drücken wir unsere Seele durch Bewegung aus.

Ich habe immer schon an die Idee des »Siegestanzes« geglaubt. Dabei geht es nur um Manifestation. Du denkst an deine Wünsche, deine Ziele und deine Träume und hast das Gefühl, das Universum hat sie schon in deinem Leben wahr werden lassen. Bei der Vorstellung, diese Geschenke zu erhalten, tanzt du und schaffst damit die Energie, um sie real werden zu lassen. Es ist so, als würde deine Bewegung dir helfen, die Stärke und Unterstützung des Universums in physischer Form zu nutzen.

Auf der Bühne während meiner Vorträge mache ich regelmäßig einen kleinen Siegestanz. In meinem Buch *Engelgebete* habe ich auch schon darüber geschrieben. Weil wir uns in einen Zustand der Freude begeben, erhöhen wir unsere Schwingungen. Und wenn unsere Schwingungen hoch sind, können wir Führung und Segnungen empfangen und unseren Herzenswunsch manifestieren.

Wann hast du das letzte Mal zu deinem Lieblingssong getanzt? Wusstest du, dass das eine spirituelle Praxis ist?

SCHWINGUNG DES TAGES
Heute bist du aufgefordert, eine göttliche Tanzparty zu feiern.
Kläre deine Schwingungen durch die Macht der Bewegung.
Es spielt keine Rolle, welche Tageszeit gerade ist, und auch
dein Musikgeschmack ist absolut unwichtig.
Es muss nur hohe Energie und voller Freude sein.

Denke an deinen Herzenswunsch, sage stumm oder laut
deine Gebete, stelle dir vor, dass deine wildesten Träume wahr
werden, oder stelle dir vor, wie du mit einer Herausforderung
fertig wirst, an der du gerade arbeitest. Fühle, wie das Licht
dein Sein erfüllt, und lasse es von deiner Aura ausstrahlen.
Dann spiele deine Lieblingsmusik und feiere so, als ob das
Universum schon alle deine Wünsche erfüllt hat.
Hier ist deine Absicht:

»Heute habe ich mit dem Universum getanzt.
Mein Ausdruck durch Bewegung ist ein Ausdruck meiner Seele.
Engel wirbeln voller Freude um mich herum.
Ich habe erkannt, dass in mir unbegrenztes Licht ist.
Ich teile mein Licht durch meine Freude mit der Welt!«

#Teile deine Schwingung
»Ich tanze nie alleine – die Engel rocken auch gerne!«

SCHWINGUNG 20 – Fließen und leuchten!

In den letzten zehn Lektionen ging es darum, dass wir uns selbst akzeptieren und ausdrücken und unser Sakralchakra mit Energie versorgen. Dieser Raum ist heilig, weil wir durch ihn Leben schaffen und er deshalb eng mit Fülle verbunden ist. Noch aufregender ist, dass das Sakralzentrum auch das Wasserzentrum des Körpers ist, und Wasser ist das Element, das Fülle unterstützt. Ich erkläre gerne, dass das Universum einen riesigen Energiepool hat und nur darauf wartet, ihn in unser Leben zu ziehen.

Damit bist auch du gemeint: Du hast ein Recht auf Fülle, Unterstützung und Energie in deinem Leben. Das Universum wartet nur darauf, dass du das, was es dir zu bieten hat, nutzt. Wir haben in diesem Teil des Buches erkannt, dass mehr als genug für alle da ist. Akzeptiere heute, dass es genug ist.

SCHWINGUNG DES TAGES

*Die heutige Lektion ist ein bisschen anders als die anderen,
weil wir eine Yogastellung mit Bewegung und Atmung üben
werden. Diese Stellung stärkt unser Sakralzentrum.*

*Wir ziehen die Energie der Fülle aus dem unbegrenzten Pool
des Universums. Außerdem ist das eine großartige Übung,
um Beine und Po zu formen!*

*Die Stellung, die wir heute üben, heißt »Göttin«, oder Utkata
Konasana, was übersetzt »Starke Engel-Stellung« heißt.*

*Wir machen sie mit offenen Armen, offenen Handflächen,
um offen zu sein für Fülle und Energie in allen Formen.*

*Wenn du Probleme mit den Knien, Hüften oder Gelenken hast,
befolge die Anweisungen unten, so gut du kannst, aber nimm
diese Stellung so ein, wie es für dich noch angenehm ist.*

*Es geht wirklich nicht um die Stellung selbst, sondern um die
Atmung und um deine Absicht.*

※ *Stelle deine Füße etwa einen Meter auseinander,
je nachdem, wie groß du bist (je größer, desto weiter
der Abstand).*

※ *Drehe deine Füße um 45 Grad, und beuge deine Knie.*

※ *Ziehe deinen Bauch ein, um deinen Rücken zu stützen, deine
Haltung zu fördern und deinen Kern zu stärken.*

※ *Öffne deine Handflächen und hebe die Arme zum Himmel.*

✺ Beim Einatmen stelle dir vor, dass du die unbegrenzte Energie aus dem Universum in deine Arme ziehst. Beim Ausatmen bringst du die Energie mit den Armen und den Handflächen zu deinem Körper in dein Sakralzentrum (zwischen dem Nabel und dem Schambein).

✺ Mache dies so oft, wie du es brauchst, wobei du die Stellung hältst – ich empfehle zehnmal.

✺ Wenn du fertig bist, lege deine Hände zum Gebet zusammen, richte deine Beine auf und stelle die Füße gerade.

✺ Atme tief durch und ehre dich und deine Führung. Wenn du dich zu Heiligen, Engeln, Meistern oder anderen Geistführern hingezogen fühlst, dann musst du wissen, dass sie bei dir sind und dich ehren.

✺ Wenn du bereit bist, verbeuge dich stumm vor dir selbst und dem Universum.

Hier ist deine Absicht für den Tag:
»Heute bewege ich mich in meinem Fluss. Ich heiße die Unterstützung des Universums willkommen. Ich lade meine heiligen Gefühle auf und bewege mich mit Leichtigkeit. Ich weiß, dass meine Essenz göttlich ist, verbunden mit allen lebenden Dingen. Es fühlt sich so gut an, in meinem Flow gehalten und gestützt zu werden. Und so ist es.«

#Teile deine Schwingung
»Ich fließe frei, fühle mich gehalten und gestützt vom Licht.«

ENTZÜNDEN

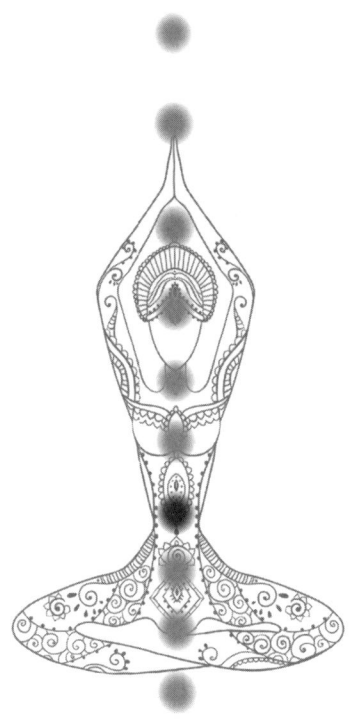

Chakra: Manipura (Solarplexus)
Sitz: Direkt über dem Nabel mitten im unteren Bauchraum
Farbe: Gelb
Element: Feuer

Manipura ist ein Sanskrit-Wort, das »leuchtender Edelstein« bedeutet. Das Solarplexus-Zentrum ist das Kraftzentrum des ganzen Körpers. Es wird wahrgenommen wie eine kleine, runde Sonne, die sich dreht. Es steuert unsere Willenskraft und unsere Fähigkeit, im Leben etwas zu erreichen. In der Natur wäre es die Sonne, die den Boden küsst, um ihm die Wärme und Fürsorge zu geben, die er braucht, damit aus einem Samenkorn etwas Wunderschönes wird.

Der Teil des Körpers, der mit diesem Chakra verbunden ist, ist das Verdauungssystem. Es hat mit dem Bauch zu tun, wie wir Nahrung verarbeiten, und auch, wie wir Erfahrungen verarbeiten. Hier wird unsere Intuition und das, was wir als »Bauchgefühl« bezeichnen, entzündet. Im Grunde ist es das Gehirn oder der zentrale Prozessor für alles, was mit »Fühlen« zu tun hat. Wenn du jemals vor einer neuen Herausforderung nervös warst oder wenn du ein schlechtes Gefühl hattest, bevor etwas schiefgegangen ist, dann ist der Solarplexus im Spiel.

In den nächsten Lektionen entzündest du deine Willenskraft, fokussierst deine Energie und verstärkst deine Zielgerichtetheit. Mache dich bereit, die Wand der Zweifel einzureißen!

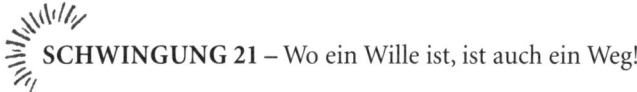 **SCHWINGUNG 21** – Wo ein Wille ist, ist auch ein Weg!

In dir ist eine mächtige Kraft. Du hast die Fähigkeit, deine Träume wahr werden zu lassen und Wunder in deinem Leben zu schaffen. Alles, was du tust und sagst, strahlt von dir aus und bereitet den Weg vorwärts. Du bist grenzenlos, in einem Universum voller strahlender, grenzenloser Energie. Sie ist jetzt bei dir und in dir und sie umhüllt dich.

Die Macht der Absicht ist erstaunlich. Es funktioniert immer, auch wenn du es nicht merkst. Jede Äußerung, die du machst, sarkastisch oder nicht, ist eine Absicht. Jede Erfahrung, die du akzeptierst, ebenfalls. Aber lass mich das mal klarstellen. Ich sage jetzt nicht, dass du nie mehr einen Witz machen und über etwas lachen sollst. Du sollst dir jedoch darüber klar werden, was du in der Welt erfahren willst.

Schlechtes Benehmen anderer, das Gefühl benutzt oder missbraucht zu werden, können deine Absichten beeinträchtigen. Es ist so: Wenn ein Freund, ein Kollege oder ein Partner dich auf eine Art und Weise behandelt, die du nicht akzeptabel findest, und du deine innere Kraft nicht einsetzt, um das zu ändern, spiegelt das Universum diese Art von Erfahrung überall in deinem Leben wider (obwohl es nicht will, dass du das erlebst), bis du es änderst. Es ist so, als gingen magnetische Wellen von deinen Gedanken und Erfahrungen in deine Aura und zögen ähnliche Energie an, die dann ähnliche Erfahrungen in dein Leben bringt.

Es ist seltsam leicht, die Tatsache zu vergessen, wie mächtig du bist. Du kannst erstaunliche Erfahrungen schaffen, vor allem, wenn das Leben dich mal wieder mitreißt. Ein großartiges Mittel, das mir immer geholfen hat, ist, dem Universum zu erklären, ob ich etwas fühle, das mit dem, was ich bereit bin zu empfangen, übereinstimmt oder nicht. Wenn zum Beispiel etwas passiert, von dem ich gerne mehr hätte, sage ich: »Ja, Universum, das meine ich – das ist genau die Art von Erfahrung, die ich genieße und gerne empfangen möchte!«

Wenn etwas geschieht, das sich nicht kongruent mit meinem Weg anfühlt, sage ich: »Ich bin dankbar für diese Lern-Erfahrung, aber ich entscheide mich jetzt, meine Aura von allen Gedanken, Absichten und Energien zu befreien, die dies hervorgebracht haben. Ich entscheide mich für liebevolle und stützende Erfahrungen in meinem Leben.«

SCHWINGUNG DES TAGES
Heute bist du aufgefordert, deine Willenskraft zu kultivieren.
Jeder deiner Gedanken, alle Gefühle, Handlungen und
Erfahrungen bereiten die nächste Erfahrung deines Lebens vor.
Wenn etwas sich nicht richtig anfühlt, kläre es und formuliere
deine Absicht neu.
»Ich bin dankbar, dass ich mein Leben kultivieren kann.
Jeder meiner Gedanken und jedes Gefühl erschaffen meine Welt.
Ich bin bereit, alle meine Gedanken und Absichten, die nicht
mit meinem Glück übereinstimmen, zu klären.
Heute entscheide ich mich dafür, dass nur gute Erfahrungen vor
mir liegen. Mein Leben ist eine Freude, und ich entscheide mich
dafür, überall in meinem Leben nur Freude zu empfinden.
Es fühlt sich so gut an, im Einklang mit dem Energiefeld zu sein,
das durch mich hindurchfließt. Ich bin sicher.«

#Teile deine Schwingung
»Ich entscheide mich dafür, Herausforderung loszulassen und
positive Veränderung willkommen zu heißen.«

SCHWINGUNG 22 – Solarkraft, Solarplexus

Unsere Chakras sind wichtig für die Erhöhung unserer Schwingung. Ich stelle sie mir gerne als spirituelle Anatomie vor. Wenn wir uns um diese Anatomie kümmern, können wir mehr Aspekte unseres wahren Ichs und unserer Seele ausdrücken.

Wie wir gesehen haben, ist unser Solarplexus äußerst wichtig, weil er unsere Willenskraft, unseren Antrieb und unsere Fähigkeit, etwas zu erreichen, repräsentiert. Er ist die Sonne unseres Körpers. Daher sollten wir darauf achten, dass er im Gleichgewicht, voller Energie und fokussiert ist. Wenn er zu viel Energie verliert, können wir Antrieb und Richtungsgefühl verlieren. Mentale Störungen können sogar die Folge sein. Zu viel Energie hingegen kann zu Arbeitssucht und Sprunghaftigkeit führen.

Den Solarplexus im Gleichgewicht zu halten ist nicht so schwierig, wie du vielleicht denkst. Es ist so einfach, den Kontakt mit deinem Solarplexus zu halten, dass es von vielen, die auf dem spirituellen Weg sind, leicht vergessen wird.

Über deinen Solarplexus hast du Zugang zu der Solarkraft in deinem Inneren, über die du ein Gefühl der Bewegung, Erregung und Leichtigkeit in deinem Leben schaffen kannst. Wenn dieser Raum ausgeglichen ist, kannst du deine spirituelle Energie auf eine höhere Frequenz bringen und göttliche Führung hinsichtlich deiner Kreativität erhalten.

SCHWINGUNG DES TAGES

Heute machen wir eine einfache Meditationsübung, damit der Solarplexus sich auf ausgewogene Art bewegt und strahlt.

❀ *Setze dich bequem hin, egal ob auf den Boden oder auf einen Stuhl.*

❀ *Entspanne deine Schultern. Rolle sie ein paarmal vorwärts und rückwärts. Bewege deinen Kopf zu beiden Seiten.*

❀ *Wenn du dich wohlfühlst, lege deine Hände auf dein Solarplexus-Zentrum.*

❀ *Atme in deine Hände. Spüre, wie dein Bauch sich bei jedem Atemzug ausdehnt und wieder zusammenzieht.*

❀ *Stelle dir vor, dass du mit jedem Einatmen Licht von der Sonne in deinen Körper ziehst. Das Licht dringt in die Mitte deines Seins. Wenn dieses Licht in deinem Körper ankommt, wäscht es alle Herausforderungen, Zwänge und Konflikte von innen weg. Du gehst in einen Zustand der Ausgeglichenheit mit deinem ganzen Sein.*

❀ *Mache das so lange wie nötig, atme Licht in deinen Solarplexus ein und atme die alte, verbrauchte Energie aus, die zwischen dir und deiner inneren Kraft gestanden hat.*

❀ *Wenn du bereit bist, äußere folgende Absicht:*
»Die Sonne meiner Seele scheint jetzt. Ich strahle mit meinem harmonischen Licht. Ich bin in Kontakt mit meiner göttlichen Inspiration. Mit Leichtigkeit fließt Kreativität durch mich hindurch. Ich bin gestärkt und im Einklang mit dem Licht. Und so ist es.«

#Teile deine Schwingung
»Ich habe Zugang zum Licht meiner Seele und ich teile es mit der Welt.«

SCHWINGUNG 23 – Dein inneres Feuer soll dich wärmen und dich nicht verbrennen!

Du bist ein entfachtes, spirituelles und begeistertes Individuum. Du hast erkannt, dass du in diesem Universum eine größere Rolle spielst. Du hast auf diesen Ruf reagiert. Du hast gelernt, dass du in dir ein Sonnenlicht hast. Du hast erkannt, dass göttliche Inspiration jederzeit durch dich hindurchfließt.

Wenn du Ideen und Inspiration empfängst, musst du wissen, dass das Universum immer einen göttlichen Zeitplan verfolgt. Es hat keine Erwartungen an dich und legt dir auch keinerlei Beschränkungen auf.

Du bewegst dich in dem für dich richtigen Tempo und du bist aufgefordert, das zu erkennen. Dein inneres Feuer motiviert, ermutigt und führt dich.

Das Universum und die Engel wollen dich und deine Träume unterstützen. Also tritt einen Schritt zurück und lass diese göttliche Unterstützung herein. Es ist sehr leicht, sich in eine Aufgabe oder einen Traum hineinziehen zu lassen, all deine Energie hineinzustecken und sich darin zu verbrennen. Außerdem blockierst du möglicherweise dadurch, dass dein Traum wahr wird. Deine Lichtengel sind jetzt bei dir. Sie wollen dir sagen, dass es zwar wichtig ist, an seinen Zielen dranzubleiben, aber du musst nicht so viel Energie hineinstecken, dass du am Ende völlig ausgelaugt bist. Ziehe die Unterstützung des Universums an und vertraue auf seinen göttlichen Zeitplan.

SCHWINGUNG DES TAGES

Heute bist du aufgefordert, einen Schritt zurückzutreten,
damit das Universum dir auf halber Strecke entgegenkommen
kann. Erkenne, dass jeder Traum und jedes Ziel,
an dem du arbeitest, zu seiner Zeit in Erfüllung gehen kann und
dass ein zu großer Besitzanspruch dich eher zurückhalten
als vorwärtsbringen kann.
Du hast getan, was du tun musstest, und übergibst

den Rest dem Universum. Die Engel freuen sich darüber,
übernehmen zu können, damit du zu deinem eigenen Besten
geführt werden kannst.
✷ *Stelle dir vor, du nimmst die Situation, die dich*
beunruhigt oder fertigmacht, in die Hände.
Halte sie weit offen.
✷ *Hebe deine Hände zum Himmel und stelle dir vor,*
dass ein Engel aus goldenem Licht dir diese Situation abnimmt
und sie zum Himmel bringt. Sage:

»Heute übergebe ich diese Situation dem Himmel.
Ich bin dankbar für die Unterstützung, die mich umgibt.
Ich vertraue darauf, dass ich auf eine Art weitergehe, die zu
meinem eigenen Besten ist. Ich erlaube dem Universum,
mir auf halbem Weg entgegenzukommen. Ich bin dankbar
für all die Schritte, die ich unternommen habe, und ich würdige
sie jetzt. Ich habe mein Bestes gegeben. Jetzt trete ich zurück,
um zu empfangen. Und so ist es.«

#Teile deine Schwingung
»Ich trete in die Balance von Geben und Nehmen ein.«

SCHWINGUNG 24 – Begrüße dein Ego!

Unser Ego hat seinen eigenen radikalen Plan. Es schlägt gerne Haken und bringt uns mitunter aus dem Gleichgewicht. Wenn es will, kann es ganz schön gemein sein. Die meisten von uns liegen im Clinch mit dem Ego und führen Krieg im Kopf. Es ist Zeit, das zu ändern.

Das Ego hat einen Zweck. Ich weiß, es fällt schwer, so zu denken. Aber es stimmt. Das Ego ist die Stimme in uns, die zur gleichen Zeit einen Plan für Erfolg und einen Plan für Versagen entwirft. Es ist die innere Stimme, die uns das Gefühl gibt, besonders und wertlos zugleich zu sein. Es ist die Stimme, die uns die Wahl lässt.

Der Zweck des Egos ist es, uns Gelegenheit zu geben, von Angst zerfressen oder von Liebe motiviert zu sein. Im Grunde fragt es: »Bist du bereit, über deine Grenzen und Ängste hinauszugehen?« Das sind wir allerdings manchmal nicht.

Wenn unser Ego uns herausfordert und wir in die Angst vor dem Versagen und den Krieg der Wertlosigkeit hineingezogen werden, sagt ein Teil von uns: »Ich brauche mehr Liebe, um einen Schritt weiterzukommen!« Wir müssen diese Liebe zur Verfügung stellen, um grenzenlos statt eingegrenzt zu sein.

SCHWINGUNG DES TAGES
Heute bist du aufgefordert, einmal anders an dein Ego
heranzugehen. Wenn diese Stimme zu reden beginnt,
begrüße sie und schicke ihr Liebe, statt ihr sofort zu sagen,
dass sie schweigen solle.
Sobald du hörst, dass deine innere Stimme ein falsches
Versprechen macht oder dir etwas Unwahres erzählt,
sage einfach:

»Hallo Ego, danke, dass es dich gibt. Danke, dass du mir
deine Meinung sagst und mir die Wahl lässt, ob ich zuhören
soll oder nicht. Heute entscheide ich mich, anders zu denken,
aber danke auf jeden Fall, dass du dich gemeldet hast.
Pass gut auf dich auf!«
Und mache dann in deinem Tagesablauf weiter.
Mache das so oft wie nötig, in deiner eigenen Ausdrucksweise.
Sage Hallo und lass los.

#Teile deine Schwingung
»Hallo Ego, danke für deine Mitteilung. Ich lasse los
und lasse das Gute herein.«

⚡ SCHWINGUNG 25 – Erhalte deinen Selbstwert!

Wie du dich siehst und wertschätzt, hängt von der Erhöhung deiner Schwingung ab. Wenn du beginnst, sie zu erhöhen, und stärker verbunden bist, kannst du dich selbst so sehen, wie das Universum und die Engel dich sehen.

Dein Selbstwert ist deine wahre Sicht von dir. Er hilft dir zu erkennen, dass du Wachstum verdienst. Wenn du deinen Selbstwert erhöhst, gewinnst du Selbstvertrauen mit der Fähigkeit, Erfolg zu schaffen von einem Ort aus, der liebevoll und ausgeglichen ist.

Es ist äußerst wichtig, sich selbst liebevoll zu sehen. Schaue am besten durch die Augen deines Schutzengels auf dich. Dein Schutzengel liebt dich bedingungslos und hat keine Erwartungen an dich. Die Engel lieben dich einfach zu jeder Sekunde. Es interessiert sie nicht, wie du aussiehst – sie sehen das Licht deiner Seele.

SCHWINGUNG DES TAGES

Heute bist du aufgefordert, dich durch die Augen deines Schutzengels zu sehen. Die Engel sehen über deine gesundheitlichen Probleme, deinen finanziellen Status und die Etiketten, mit denen du dich versehen hast, hinaus – sie sehen nur ein schönes goldenes Licht. Sie sehen ein Wesen voller Potenzial in einem Raum unbegrenzter Möglichkeiten.

☀ Stelle dir dich als goldenes Licht vor. Sieh dich unbegrenzt auf allen Ebenen.

☀ Du wirst über Worte hinaus geliebt. Wähle heute, dir selbst dieselbe Liebe zu schenken.

☀ Glaube, dass deine Irrtümer jetzt hinter dir liegen. Es zählt nur, was du in diesem Moment tust.

☀ Sage: »Ich bin ein Wesen von bedingungsloser Liebe und Licht. Ich bin von grenzenlosem Potenzial erfüllt. Ich gehe über Irrtümer und Herausforderungen meiner Vergangenheit hinaus. Heute entscheide ich mich,

mich selbst zu respektieren. Ich entscheide mich zu ehren,
dass ich eine Seele in einem Körper bin. Ich verdiene es,
Liebe in meinem Leben zu erfahren.
Heute biete ich mir selbst diese Liebe an.«

#Teile deine Schwingung
»Heute entscheide ich mich, mir selbst die Liebe anzubieten,
die ich verdiene.«

SCHWINGUNG 26 – Schlaf richtig, um hell zu leuchten!

So viele Lichtarbeiter sind nachts hellwach, nicht nur in mentaler Hinsicht, sondern auch auf einer spirituellen Ebene. Ein Grund dafür ist sicher, dass es abends weniger Ablenkungen gibt und wir dann besser die Stimme unserer Seele hören können. Aber Schlaf ist wichtig, um deine Frequenz zu erhöhen.

Damit du nachts gut schläfst, musst du dich vorbereiten, bevor du ins Bett gehst. Statt dich einfach hinzulegen und das Licht auszumachen, kannst du deine Energie vorbereiten, eine Absicht äußern und den Raum um dich herum so reinigen, dass du leicht zur Ruhe kommst.

Die heutige Lektion musst du dir bis zur Schlafenszeit aufsparen – aber lies sie dir vorher einmal durch, damit du Zeit zum Vorbereiten hast.

SCHWINGUNG DES TAGES
Hier die drei leichtesten Dinge für einen guten Schlaf:
☀ *Räum auf. Physische Unordnung ist psychische Unordnung.*
Wenn in deinem Schlafzimmer zu viel herumliegt,
dann ist es in deinem Kopf genauso. Räume das Zimmer auf,
dann fühlst du dich darin ebenfalls aufgeräumt.
☀ *Meditiere. Setze dich auf den Boden neben deinem Bett*
und meditiere fünf bis zehn Minuten lang.

Du musst nicht zu tief gehen, tue einfach etwas, womit
du dich auf deine Atmung konzentrieren kannst.
Denke an etwas Schönes – vielleicht an einen Spaziergang
an einem wunderschönen Strand. Lass deine Gedanken
schweifen und atme so lang und tief wie möglich dabei.
Auf diese Weise nimmst du die Energie nicht mit ins Bett.
※ *Äußere eine klare Absicht. Wenn du mit deiner Meditation*
fertig bist, äußere die Absicht, dich im Bett zu entspannen.
Sage dem Universum, dass jetzt nicht die richtige Zeit
für dich ist, um zu arbeiten, kreativ zu werden oder
dein Leben neu zu planen. Sage deutlich, dass du bereit bist
zu ruhen und dass du dankbar für die Unterstützung
des Universums bist.

#Teile deine Schwingung
»Wenn ich richtig schlafe, leuchte ich hell!«

SCHWINGUNG 27 – Interagiere mit deiner Intuition

Deine Intuition spricht jeden Tag mit dir. Immer wenn du dir eine Frage stellst, schickt deine Intuition dir eine Antwort oder eine Einschätzung einer Situation. Wie die meisten Menschen jedoch hörst du nicht auf die subtilen Botschaften, die deine Intuition dir schickt, und deshalb kannst du auch nie zwischen Führung und Angst unterscheiden.

Deine Intuition unterstützt dich und dein Wachstum gerne. Ihr zur Seite steht ein tief spiritueller Zug, das Urteilsvermögen. Das bedeutet, dass du weißt, was für dich richtig ist – es ist die Fähigkeit, deinem inneren Streben zu vertrauen.

Obwohl das Universum zu dir durch deine Intuition spricht, ehrt es den freien Willen. Du kannst deine Intuition jederzeit ignorieren, auch wenn dieses innere Führungssystem zu deinem eigenen Besten arbeitet.

In *Ein Kurs in Wundern* steht ein kraftvolles Zitat, das direkt meine Seele anspricht:

> *»Die Stimme des Heiligen Geistes ist so laut wie*
> *deine Bereitschaft, zuzuhören.«*

In diesem Fall ist die Stimme des Heiligen Geistes deine Intuition. Wenn du bereit bist, ihr zuzuhören, lernst du den Gefühlen, die dich führen wollen, zu vertrauen und ihnen zu folgen.

Wenn du den positiven Impulsen folgst, die du erhältst, erhöhst du deine Schwingungen, und deine Aura wird golden glänzen.

SCHWINGUNG DES TAGES

Die heutige Lektion fordert dich auf, deiner inneren Stimme
zuzuhören. Du wirst geführt, das zu hören, was deine Seele dir
mitteilen will. Die Führung von innen heraus wird immer
liebevoll sein und im Präsens sprechen.
Meditiere heute einige Zeit lang mit deiner Seele.
»Keep it simple«.
✸ *Schließ die Augen und stell dir vor, du bist in*
goldenes Licht getaucht.
✸ *Sage: »Ich höre meiner Seele zu.«*
✸ *Frage: »Wo soll ich heute hingehen?*
Was soll ich heute tun? Was soll ich heute sagen?
Und zu wem?«
✸ *Höre zu, was deine Seele dir mitteilt. Vertraue ihr.*
Sie wird dir das Richtige raten. Handle danach und du wirst
dich stärker mit deiner Intuition verbinden.

#Teile deine Schwingung
»Ich vertraue meinen Schwingungen und reagiere auf sie.«

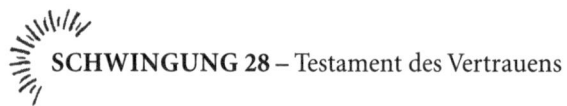

SCHWINGUNG 28 – Testament des Vertrauens

Vertrauen ist eine große Sache, vor allem heutzutage. Wir alle sind schon angelogen worden, oder Leute haben Lügen über uns verbreitet. Wir alle sind schon einmal betrogen worden.

Um deine Schwingung erfolgreich zu erhöhen, ist es wichtig, dass du dich mit aufrichtigen, vertrauenswürdigen und liebevollen Menschen umgibst. Du brauchst Unterstützung und musst auch selbst unterstützen – um vertrauenswürdigen Menschen zu begegnen, musst du vertrauenswürdig sein.

Freundschaften und Beziehungen müssen ausgewogen sein im Geben und Empfangen. Sicher, manchmal hast du mehr zu geben und zu anderen Zeiten brauchst du mehr, aber in wahren Beziehungen kommt letztlich alles ins Gleichgewicht.

Es ist wichtig, in Beziehungen aufrichtig zu sein, denn wenn du das nicht sein kannst, bist du nicht du selbst. Wenn du aus Angst, dich zum Gespött zu machen oder weil die Information beim anderen nicht gut aufgehoben ist, nicht alles aussprechen oder mitteilen kannst, dann ist es Zeit, das zu ändern.

Ich habe festgestellt, um gute Freunde zu haben, muss ich selbst vor allem ein guter Freund sein. Wenn ich Aufrichtigkeit haben will, muss ich selbst aufrichtig sein. Wenn ich gewürdigt werden will, muss ich auch andere würdigen.

SCHWINGUNG DES TAGES

Heute bist du vom Universum aufgefordert, denen,
die du liebst, Unterstützung anzubieten. Bedanke dich
für die Beziehungen, die du in der Welt hast, und frage dich, was
du Liebevolles und Unterstützendes für die Menschen,
die dir nahe sind, tun kannst.
Ein guter Freund zu sein und sein Wort zu halten ist wichtig.
Wenn du das Gefühl hast, das in der Vergangenheit nicht immer
getan zu haben, musst du jetzt daran arbeiten,
das zu klären. Bitte um Verzeihung, wo es nötig ist,

und biete Unterstützung an, wo du kannst, um dich
in deiner Welt auch mehr unterstützt zu fühlen.
Um deine Schwingung zu erhöhen, brauchst du einen Level
an Vertrauen in dein Leben. Deshalb ist es wichtig, dass
du dich mit Menschen umgibst, denen du vertrauen kannst und
die dir vertrauen können.
Die heutige Aufgabe ist vielleicht nicht in 24 Stunden
zu erledigen, aber danach wirst du dich stärker unterstützt
und im Gleichgewicht fühlen.

#Teile deine Schwingung
»Ich biete meine Unterstützung und mein Vertrauen
denen an, die ich liebe.«

SCHWINGUNG 29 – Lass nicht der Scham den ganzen Ruhm!

Scham zu empfinden ist verbreiteter, als du denkst. Jeder von uns schämt sich irgendwann einmal. Es wird immer Dinge in unserem Leben geben, die wir bedauern oder die wir im Nachhinein gerne ungeschehen machen möchten. Und es gibt auch Dinge an uns selbst, die andere nicht wissen sollten.

Scham ist eine harte, überwältigende und manchmal schwere Emotion, die vom Ego ausgelöst wird. Es ist eine dunkle, kleine Erinnerung, die uns das Gefühl gibt, unzulänglich, nutzlos und dumm zu sein. Aber ich glaube, schwierige Emotionen sind nur eine weitere schöne Erinnerung daran, dass wir hier sind, um zu lernen, was Liebe wirklich ist.

Ein Weg, um über Scham hinauszugehen, ist, daran etwas Wahres zu erkennen. Es mag klingen wie ein Aufkleber auf der Stoßstange, aber hier ist ein Satz, der mir unzählige Male geholfen hat. Wenn ich Scham empfinde, sage ich mir:

»Ohne Dunkelheit könnten die Sterne nicht leuchten!«

Wenn die Dunkelheit der Scham kommt, bekommst du die Gelegenheit, ein leuchtender Stern zu sein.

SCHWINGUNG DES TAGES
Die heutige Lektion sieht leicht aus, wird aber eine
Herausforderung sein. Damit die Scham nicht allen Ruhm
abbekommt, musst du etwas aufgeben: den Vergleich.
Scham gibt dir ein schlechtes Gefühl, weil dein Ego versucht,
deine Erfahrung mit der Erfahrung von jemand anderem
oder etwas Perfektem zu vergleichen.
So oder so fühlst du dich am Ende nicht gut genug.
Heute bist du vom Universum aufgefordert, mit dem
Vergleichen aufzuhören. Vertraue darauf, dass jeder mit dem
Wissen, was er hat, sein Bestes tut – du auch. Du musst dich
nicht schämen, weil du immer nur dein Bestes getan hast.
Das musst du wissen. Mache jedem, den du kennst,
dieses Geschenk.

#Teile deine Schwingung
»Scham entsteht nur, wenn ich mich mit anderen vergleiche.
Ich lasse das Bedürfnis zu vergleichen los.«

SCHWINGUNG 30 – Entzünde dein Licht!

Deine Sonnenenergie ist jetzt stark. Du bist im Gleichgewicht. Frei von Scham. Voller Inspiration. In Kontakt mit deiner inneren Stimme und deiner Intuition.

Du wurdest gemacht, um zu leuchten. Dein Licht ist jetzt in dir, und die Welt ist bereit, es zu sehen.

Heute bist du aufgefordert, dein Licht bewusst einzuschalten und es in die Welt zu schicken. Du bist aufgefordert, diesen Prozess mit einer einfachen Stellung durchzuführen.

SCHWINGUNG DES TAGES

※ *Stelle die Füße dicht zusammen. Wenn das unbequem ist,*
lass ein bisschen Abstand zwischen den Fersen.
※ *Drücke die Innenseiten deiner Oberschenkel fest zusammen*
und spanne die Pomuskeln an.
※ *Ziehe deinen Bauch ein wenig ein, um Energie in deinem*
Solarplexus-Chakra zu erzeugen.
※ *Lass deine Schultern kreisen. Drehe die Handflächen*
an den locker hängenden Armen nach außen.
Willkommen zur Tadasana, der »Berg-Stellung«.

※ *Stelle dir vor, du entzündest ein Licht in*
deinem Bauch. Dieses Licht leuchtet immer heller,
bis es vollständig durch deinen Körper scheint.
Dadurch, dass du den Bauch einziehst, kann sich das Licht
an deiner Wirbelsäule und in alle
Gliedmaßen deines Körpers auf und ab bewegen.
※ *Dieses Licht fließt zu deinen Händen. Wenn du fühlst,*
dass es sie erreicht hat, hebe sie hoch in die Luft.
※ *Lass deine Schultern sinken (was das Herz offen hält),*
und stelle dir vor, du sendest dein Licht in jeden Winkel
der Welt. Du verlierst deine Energie nicht,
sondern teilst sie mit der ganzen Welt.
※ *Wenn du das getan hast, falte die Hände vor deinem Herzen*
wie zum Gebet und verneige dich stumm vor dir.
※ *Feiere die Tatsache, dass du endlich dein Licht*
angenommen und mit der Welt geteilt hast!

#Teile deine Schwingung
»Heute entzünde ich mein Licht und leuchte hell in die Welt.«

EMPFANGEN

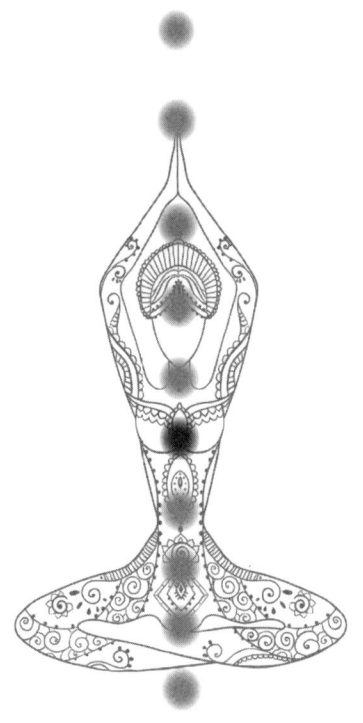

Chakra: Anahata (Herz)
Sitz: Die Mitte des Brustkorbs/Herzregion
Farbe: Grün (wird manchmal Rosa oder Rubinrot)
Element: Luft

Anahata ist ein Sanskrit-Wort, das »unverletzt« bedeutet. Es vermittelt uns die schöne Vorstellung, dass unser Herz nie wirklich gebrochen werden kann. Dieses Chakra ist mit unserer Fähigkeit verbunden, Liebe zu geben und zu empfangen. Um ein spirituell erwecktes Leben zu führen, müssen wir ein Gleichgewicht zwischen Geben und Nehmen finden, damit das höhere Herz (der nächste Teil des Herzchakras) erweckt wird. In der Natur wäre das Herzchakra der sanfte

Wind, der Pollen und Insekten durch die Luft trägt und die Pflanzen wachsen lässt.

Die Körperteile, die zu diesem Chakra gehören, sind Herz, Lunge und obere Atemwege. Es lenkt alle Probleme des Herzens, einschließlich Liebe, Beziehungen und sogar Trennungen. Obwohl es uns das Herz bricht, wenn wir jemanden verlieren, den wir lieben, oder vor den Scherben einer Beziehung stehen, hilft uns das Anahata-Chakra dabei, die Vorstellung der Trennung und Begrenzung zu überwinden und uns klarzumachen, dass die Seele (das spirituelle Herz) nie beschädigt oder gebrochen werden kann. Diese Vorstellung hilft uns zu heilen.

Die folgenden Lektionen führen dich über die Vorstellung von Begrenzung und Verlust hinaus in einen Raum, der erfüllt und ganz ist. Du wirst geführt, um dein Herzchakra zu öffnen, sodass du die Segnungen empfangen kannst, die du in deinem Leben verdienst.

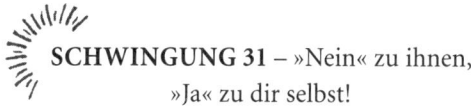 **SCHWINGUNG 31** – »Nein« zu ihnen, »Ja« zu dir selbst!

Das Universum weiß, dass die Erhöhung der Schwingungen viel damit zu tun hat, wie du der Welt und wahrscheinlich auch den Menschen um dich herum helfen willst. Wenn du geben willst, zeigt das, dass du ein wundervoll großzügiges, liebes und liebevolles Herz hast – es zeigt, dass du etwas anders machen willst. Aber lass uns zur Abwechslung mal über das Empfangen reden.

Wenn du empfängst, lässt du zu, dass dir alles, was du gegeben hast, und noch viel mehr zurückgegeben wird. Und du hast es verdient, denn du teilst so viel mit der Welt. Das musst du wissen.

Es ist nie leicht, ein Gleichgewicht zwischen Geben und Empfangen herzustellen, aber deine Seele wird dir sagen, wann du eher empfangen als geben musst. Wenn jemand dich um einen Gefallen bittet und du ihn eigentlich nicht erfüllen kannst, es aber trotzdem tust, weil du Schuldgefühle hast oder niemanden im Stich lassen möchtest, musst du wissen, dass du dich dann selbst im Stich lässt.

Mit der heutigen Lektion tritt dich das Universum sanft in den Popo, weil es will, dass du wieder aufgefüllt werden sollst. Du sollst lernen, »Nein« zu anderen zu sagen, damit du endlich »Ja« zu dir selbst sagen kannst.

SCHWINGUNG DES TAGES
Heute bist du aufgefordert, »Ja« zu dir selbst zu sagen.
Wie geht das? Was kannst du tun, um dich erfüllt zu fühlen?
Gibt es etwas in deinem Terminkalender, das du sanft loslassen kannst? Gibt es etwas, was du für dich tun kannst?
Wenn andere dich unter Druck setzen, ist hier ein Werkzeug, um auf liebevolle Art »Nein« zu sagen, damit du dich um dich selbst kümmern kannst:
»Es tut mir leid, dass du dich so fühlst, dass du so überwältigt bist, und ich will nur das Beste für dich. Du verdienst es, glücklich zu sein. Aber im Moment kann ich dir dabei nicht helfen. Deshalb werde ich ›Nein‹ zu dir sagen, damit ich ›Ja‹ zu mir selbst sagen kann. Danke für dein Verständnis. Ich liebe dich.«
Du kannst dies in einem Gespräch sagen oder du kannst es leise zu dir selbst sagen. Wenn es sich um jemanden handelt, den du nicht liebst, kannst du die Worte entsprechend umformulieren. Aber du verstehst, was ich meine.
»Heute sage ich ›Ja‹ zu mir selbst. Ich erfülle alle meine Bedürfnisse. Heute sage ich ›Ja‹ zu mir selbst. Ich lasse mich selbst frei!«

#Teile deine Schwingung
»›Ja‹ zu sich selbst zu sagen ist ein Akt der Selbstsorge und Liebe.«

SCHWINGUNG 32 – Schaffe Raum für Wunder

Geschehen Wunder in deinem Leben? Ich glaube, wir alle haben ein Recht darauf.

Ein Wunder ist eine Verschiebung in der Wahrnehmung, eine veränderte Denkweise. Es kann so einfach sein, zum Beispiel einen liebevollen Gedanken einem angsterfüllten Gedanken vorzuziehen.

Nach *Ein Kurs in Wundern* ist kein Wunder größer oder kleiner als ein anderes, weil sie alle durch eine Veränderung im Denken entstanden sind. Ich gehe gern noch ein bisschen weiter und sage, es geht nicht darum, wie groß ein Wunder ist, sondern wie viel Raum du in deinem Leben dafür schaffst.

Wunder geschehen als natürlicher Ausdruck der Liebe. Wenn sie nicht geschehen, ist etwas schiefgelaufen. Du könntest zum Beispiel positiv denken und versuchen, dich auf die Liebe zu fokussieren, bist aber zugleich nicht in der Lage zu verstehen, wie sich die Dinge ändern könnten.

Du darfst deinem Kopf nicht erlauben, deiner Fähigkeit, Wunder in deinem Leben zu bewirken, im Weg zu stehen. Du musst einfach genügend Raum für sie schaffen und alles Übrige den Engeln überlassen.

SCHWINGUNG DES TAGES

Heute bist du aufgefordert, Raum für die Wunder zu schaffen, die du in deinem Leben verdienst. Wenn es eine Situation gibt, in der ein Wunder erforderlich ist, musst du die ersten Schritte unternehmen und dich dann vom Universum auf halber Strecke abholen lassen.

Statt auszurechnen, was als Nächstes passieren müsste oder wie sich etwas ändern könnte, betrachte die Situation einfach mit Liebe und übergib sie dann dem Universum und den Engeln des Lichts, die durch den Kosmos tanzen.

Du sollst keine Wunder bewirken, sondern nur den Raum schaffen, damit sie stattfinden können. Schicke Liebe in die

Bereiche deines Lebens, die heute ein Wunder brauchen, und
stelle dir vor, dass dein Schöpfer sie in der Hand hält.
Sieh, wie deine Engel tanzen und dich unterstützen, wenn du
die Wunder annimmst, die du verdient hast.
»Heute schaffe ich Raum für Wunder. Ich erkenne,
dass es nicht wichtig ist, wie groß ein Wunder ist, sondern
wie viel Raum ich dafür schaffe. Ich schicke Liebe in alle
Situationen, in denen ich Unterstützung brauche.
Ich lasse zu, dass ich mich unterstützt fühle.
Wunder geschehen auf natürliche Weise, und ich heiße sie
mit offenem Herzen willkommen.«

#Teile deine Schwingung
»Ich schaffe Raum für Wunder!«

SCHWINGUNG 33 – Wundersame Meister

Die Aufgestiegenen Meister sind eine Versammlung erleuchteter Seelen, göttlicher Wesen und Engel, die sich dem Frieden und der Fürsorge für diesen Planeten widmen. Diese wundervollen Meister gehen über Religionen hinaus und sind bereit, all denen zu helfen, die sie anrufen. Ich nenne sie gerne »die Hüter des Lichts«.

33 ist eine Zahl ist, die eng mit einem der größten Aufgestiegenen Meister unserer Zeit verbunden ist: Jesus. Aus diesem Grund erwähne ich jetzt diese Meister. Es heißt, dass Jesus mit 33 Jahren starb. Wenn diese Zahl ständig in deinem Leben vorkommt, bietet dir der Hüter des Lichts Beistand an.

Es gibt viele Meister, die du anrufen kannst. Du wirst mit vielen in Verbindung treten, während du dieses Buch durcharbeitest. Die meisten sind Weise oder Lehrer, die früher einmal – wie du und ich – auf dieser Erde gelebt haben – Menschen wie Jeanne d'Arc, Paramahansa Yogananda, Meister Buddha und Kuan Yin, um nur ein paar zu nennen. Sie gingen auf eine zutiefst spirituelle Reise, und als ihr Körper

starb, beschlossen sie, ihre Mission von der anderen Seite aus fortzu-
setzen.

Es besteht die Chance, dass du dich bereits zu einem Heiligen,
Lehrer, Meister oder spirituellen Führer im Himmel hingezogen
fühlst. Du sollst wissen, dass sie jetzt bei dir sind und dir helfen, diesen Weg zu gehen.

SCHWINGUNG DES TAGES

*Du bist aufgefordert, die Aufgestiegenen Meister,
spirituellen Führer und erleuchteten Lehrer anzurufen,
zu denen du dich hingezogen fühlst.
Unterhalte dich frei mit ihnen. Danke ihnen, dass sie dir
nahe sind, dich auf deinem Weg führen und dir helfen,
die Lektionen deines Lebens zu verstehen.
Erkläre neu, was du bereits weißt: dass du diesen Weg
nicht alleine gehst und von einem Lichtwesen gestützt wirst,
das dich führen kann. Schaffe Raum für diese Präsenz
mit den folgenden Worten:*

*»Ich begrüße und akzeptiere die Hilfe der erleuchteten Lehrer.
Ich bin dankbar zu wissen, dass Aufgestiegene Meister meinen
Weg lenken. Es fühlt sich so gut an, auf diesem Weg
unterstützt zu werden. Danke, spirituelle Führer, dass ihr mir
helft zu verstehen, wer ich bin. Danke, göttliche Meister,
dass ihr mir helft, meine Gaben und Lektionen anzunehmen.
Und so ist es!«*

*#Teile deine Schwingungen
»Ich grüße die spirituellen Führer, die mich
auf meinem Weg unterstützen.«*

SCHWINGUNG 34 – Willkommen im Tempel deines Herzens

Wie bereits erwähnt, heißt das Herzchakra auf Sanskrit *Anahata*, was »unverletzt« bedeutet und uns an eine äußerst wichtige Lektion erinnert: Das Herz kann nie gebrochen werden.

Diese Lektion findest du vielleicht ein bisschen schwierig, weil uns allen schon einmal aus unterschiedlichen Gründen das Herz gebrochen ist, vor allem, weil wir einen Menschen verloren haben, der uns wichtig war oder weil eine Beziehung zu Ende gegangen ist.

Das Universum will dir sagen, dass dein Herz nie gebrochen werden kann. Aber dein Ego kann dich vom Gegenteil überzeugen. Das Gefühl, das Herz sei gebrochen, wird erzeugt, wenn wir uns von jemandem getrennt fühlen, den wir lieben. Obwohl es sich sehr real anfühlt, ist es eine Illusion, weil es allem widerspricht, was sich auf der Seelenebene als wahr erwiesen hat.

Auf Seelenebene wissen wir, dass wir Liebe sind und Liebe das gesamte Universum erfüllt und uns vereint. Wir sind eins. Wir sind auf Herzensebene mit allem und jedem, was ist, war und jemals sein wird, verbunden. Aber aus irgendeinem Grund will die Welt uns einreden, dass wir getrennt sein können.

Es ist an der Zeit, diese Gefühle wieder neu einzuordnen und in die Welle der Liebe einzutauchen, durch die du hierhergekommen bist – es ist Zeit, die Welle zu reiten.

SCHWINGUNG DES TAGES

☀ *Lege deine Hände auf dein Herz und atme tief hinein.*
☀ *Mache dir klar, dass zwei Herzen in dir wohnen:*
das Organ Herz und das Herz, das deine Fähigkeit,
Liebe zu erfahren, repräsentiert.
☀ *Setze diese Absicht fest:*
»Heute erkenne ich die Ganzheit meines Herzens.
Ich stelle fest, dass dieser wahre Teil von mir nie gebrochen
werden kann. Ich bin göttlich, unverletzt und heil.«

SCHWINGUNG 35 – Liebe ist nicht verloren

Wenn wir keine Liebe im Leben erfahren, machen wir uns normalerweise auf die Suche danach. Wir suchen sie in Dingen, Menschen und sogar Erfahrungen, aber solange wir danach suchen, werden wir sie nicht finden.

Ein Kurs in Wundern beschreibt den Umgang mit der Liebe in einfachen Worten, aber du wirst es schwierig finden, sie in die Tat umzusetzen. Der persische Sufi-Mystiker Rumi hat gesagt:

»Deine Aufgabe ist es nicht, nach Liebe zu suchen, sondern die Barrieren in dir selbst aufzuspüren, die du dagegen errichtet hast.«

Liebe ist allgegenwärtig. Sie ist die Essenz, die dich erschafft. Wenn alle Angst schwindet, bleibt nur noch die Liebe. In den Tiefen deines Seins ist eine bedingungslose Liebe und sie wartet auf dich. Die Außenwelt redet dir ein, du seist getrennt von der Liebe, aber die innere Welt sagt etwas anderes.

SCHWINGUNG DES TAGES

All dein Groll, deine Ängste und Frustrationen sind Barrieren,
die der Liebe im Weg stehen. Sie nehmen dir die Zeit,
die du sonst damit verbringen könntest, die höhere Liebe
zu erfahren, die du verdienst. Heute bist du aufgefordert,
alle deine Barrieren, die der Liebe im Wege stehen,
zu suchen und zu entfernen.
Jetzt wirst du auf Menschen und Situationen aufmerksam, mit
denen du Frieden schließen musst, um weitergehen zu können.
☀ *Wem musst du vergeben?*
☀ *Was tut dir nicht gut? Kannst du es loslassen?*
☀ *Wo in deinem Leben kannst du das Bedürfnis, recht*
zu haben, aufgeben, um glücklich zu sein?

Hier ist ein Gebet:
»Danke, Universum, dass du mir hilfst, die Barrieren in mir
zu sehen, die der Liebe im Weg stehen. Ich bin bereit,
diese Barrieren zu entfernen, damit ich in die tieferen und
wahreren Aspekte meiner selbst eindringen kann.
Ich ergebe mich. Und so ist es!«

#Teile deine Schwingung
»Liebe ist immer präsent. Heute heiße ich dieses Geschenk
willkommen.«

SCHWINGUNG 36 – Gib großzügig, empfange liebenswürdig

Im Universum geht es immer um Gleichgewicht. Du hast schon davon gehört. Man nennt es »Karma« oder »das Gesetz von Ursache und Wirkung«. Wir haben bereits erwähnt, dass Karma das Gesetz ist, das uns auffordert, freundlich zu sein. Die Freundlichkeit, die wir anderen erweisen, kommt zu uns zurück.

Genauso funktioniert Geben und Empfangen. Wenn du gibst, schaffst du Raum in deinem Leben, um zu empfangen. Wenn du anderen ohne jede Erwartung gibst, muss das Universum auch dir geben. Es ist so einfach, aber wir können es nur schwer akzeptieren.

Der Weg eines Lichtarbeiters ist ein großzügiger Weg. Du gibst ohne Erwartungen, weil du einfach so bist. Du bist ein Licht, und es liegt in deiner Natur zu geben, aber heute wirst du aufgefordert, zu empfangen.

Das Herzchakra ist der Raum in dir, der Freundlichkeit und Altruismus repräsentiert. Es ist der Teil von dir, der mit denen, die es brauchen, teilen will. Wenn du liebevoll gibst, öffnet sich dein Herzchakra und strahlt hell.

Du weißt, wie gut es ist, einer Person ein Geschenk zu machen (ganz gleich wie groß), das du sorgfältig ausgesucht hast, und zu sehen, wie sie sich darüber freut. Du weißt, wie gut es ist, jemandem zu helfen – auch wenn es nur auf dem Bahnhof mit dem Gepäck ist. Es fühlt sich gut an zu geben.

Aber dein Herzchakra wird ausgelaugt, wenn du zu viel gibst. Wenn das passiert, wirst du frustriert und hast das Gefühl, nicht mehr geben zu können. Damit dein Leben im Gleichgewicht bleibt, ist es deine spirituelle Pflicht zu empfangen.

SCHWINGUNG DES TAGES

Heute bist du aufgefordert, dem Universum mitzuteilen,
dass du bereit bist zu empfangen. Du bist aufgefordert,
Hilfe, Unterstützung und Freundlichkeit in deinem Leben zu
begrüßen. Wenn jemand bei der Arbeit dir helfen will,
nimm das Angebot an. Wenn jemand dir anbietet, für dich
zu kochen, begrüße es! Und das Wichtigste: Wenn jemand dir
ein Kompliment macht, nimm es an und ehre dich selbst.
Lächle, atme, empfange.
»Ich bin bereit zu empfangen. Ich habe erkannt, dass ich Hilfe,
Liebe und Unterstützung verdiene. Es fühlt sich gut an zu geben
und es fühlt sich großartig an zu empfangen. Heute heiße ich die
Energie des Gleichgewichts in meinem Leben willkommen. Mein
Herz ist offen zu empfangen.«

#Teile deine Schwingung
»Ich bin bereit zu empfangen.«

☼ SCHWINGUNG 37 – Dich selbst genug lieben

Sich selbst genug zu lieben ist wahrscheinlich einer der herausfordernsten Aspekte beim Erhöhen der Schwingung. Es kann deshalb so schwerfallen, weil das Ego dich gerne herausfordert. Immer wenn du dich in einen liebevolleren Raum begibst, macht dir das Ego einen Strich durch die Rechnung oder sagt dir, was du nicht hören willst.

Dabei tut das Ego, wie wir vor ein paar Lektionen gelernt haben, nur seinen Job. Es gibt dir Gelegenheit, auf das zu vertrauen, was du als Wahrheit erkennst.

Wichtig ist, dass das Ego dir Dinge erzählt, die du schon einmal gehört hast. Alles Negative, was du hörst, hast du dir selbst schon in der Vergangenheit gesagt. Jetzt ist es Zeit, dass es verschwindet.

Sich selbst genug zu lieben bedeutet, sich wirklich zu würdigen. Du musst jetzt entscheiden, dass du dich nicht länger von negativen Meinungen, Angst oder sonstigen Überzeugungen, die dir im Weg stehen, definieren lassen willst.

Sich selbst zu lieben bedeutet nicht immer, in den Spiegel zu schauen und sich zu sagen: »Ich liebe dich!«: Es kann auch etwas mit den Entscheidungen zu tun haben, die du in deinem Leben triffst. Hier sind einige Beispiele für Selbstliebe:

☼ Anderen zu verzeihen, weil es dich von innen entgiftet.

☼ Anderen nicht zu erlauben, dich schlecht zu behandeln.

☼ Dir Zeit zu geben, die Dinge zu tun, die du liebst.

SCHWINGUNG DES TAGES

Heute bist du aufgefordert, dich selbst genug zu lieben und zwar genug in dem Sinn, dass du etwas für dich selbst tust oder etwas zu dir sagst, das du normalerweise nicht sagen würdest.

In deinem Akt der Selbstliebe wirst du feststellen, dass du mehr universelles Licht in dich ziehen und deine Schwingung zu optimaler Stärke erhöhen kannst. Deine Fähigkeit, dich selbst zu

lieben und zu respektieren, wird zu einer heilenden Welle,
welche die Menschen um dich herum inspiriert.
»Heute beschließe ich, mich selbst genug zu lieben, um ›Nein‹ zu
sagen zu schlechtem Benehmen oder toxischen Gefühlen.
Ich will in mir selbst Raum schaffen, um vom Licht genährt
zu werden.
Ich stelle fest, dass die Welt mich so sieht, wie ich mich sehe.
Ich beschließe, mich auf liebevolle Weise zu sehen,
und lasse mich und die ganze Welt von dieser liebevollen
Welle überspülen. Heute liebe ich mich genug,
um die Veränderungen vorzunehmen, die ich brauche,
um mich geliebt und akzeptiert zu fühlen.«

#Teile deine Schwingung
»dich selbst genug zu lieben heißt, ›Nein‹ zu sagen zu toxischen
Emotionen und ›Ja‹ zu Vergebung.«

SCHWINGUNG 38 – Verzeihen bedeutet nicht vergessen

Es gibt ein altes Sprichwort, das ich viel zu oft gehört habe: »Verzeihen heißt nicht vergessen.« Ehrlich gesagt läuft mir dabei immer ein Schauer über den Rücken.

Vergebung ist ein komplexer Prozess, der auch nicht einfach zu erklären ist. Es gibt so viele Interpretationen – für jeden bedeutet es etwas anderes. Für mich bedeutet Vergebung die Erinnerung daran, dass du nie wirklich verletzt werden kannst, weil nichts deine Seele beflecken kann. Es ist der Moment, in dem du beschließt, dich nicht mehr von Traurigkeit oder einer verletzenden Situation definieren zu lassen. Es hat nichts mit Vergessen zu tun, sondern vielmehr mit der Entscheidung für etwas, das für dich funktioniert.

Vergebung bedeutet die Entscheidung für liebevolle Gedanken und eine Entscheidung gegen schwierige Erinnerungen an eine Situation in der Vergangenheit. Es geht nicht darum, jemandem etwas nachzusehen, sondern es ist lediglich die Entscheidung für den positiven Aspekt.

SCHWINGUNG DES TAGES
Heute nimmst du deine Macht zurück und entscheidest dich dafür, dich auf Erinnerungen und Emotionen zu fokussieren, die zu deinen Gunsten funktionieren. Statt einer Erinnerung oder einem Gefühl, das dich herunterzieht, ist jetzt der Zeitpunkt, dein Gehirn und deine Energie neu mit etwas zu programmieren, das sich sicher und liebevoll anfühlt.
Dein Ego wird versuchen zu kämpfen. Kämpfe nicht. Entscheide dich einfach, dich auf etwas anderes zu fokussieren. Sage deinem Ego, du fokussierst dich auf etwas anderes.
Wenn eine schmerzliche Erinnerung aufkommt, gehe zu einem liebevollen Gedanken. Hier sind einige Vorschläge:

※ *Denke an jemanden, den du liebst.*
※ *Stelle dir deinen Schutzengel vor, der dich in seine Flügel der Liebe zieht.*
※ *Denke an deine Lieblingsblume. Stelle dir ihren süßen Duft vor.*
※ *Rufe dir ins Gedächtnis, dass nur Liebe real ist.*

#Teile deine Schwingung
»Vergeben heißt nicht vergessen. Es bedeutet, sich dafür zu entscheiden, sich stattdessen an Liebe zu erinnern.«

SCHWINGUNG 39 – Offene Hände, offenes Herz!

Unsere Hände sind die Verlängerung unseres Herzens. Das Herz sendet seine Energie durch die Arme, und wir drücken diese Liebe mit unseren Händen aus. In der Energie-Heilung, zum Beispiel bei Reiki, werden die Hände zum Instrument des Lichts, durch das die Heilung stattfindet.

Im täglichen Leben benutzen wir unsere Hände, um zu beschreiben, wie wir uns fühlen. Wir halten diejenigen, die wir lieben, an den Händen. Dabei erfüllt uns ein tiefes Gefühl der Verbundenheit und Liebe, weil wir buchstäblich unsere Energien durch Arme und Hände austauschen.

Unbewusst benutzen wir unsere Hände in vielerlei Hinsicht. Du verschränkst die Arme, um dein Herz zu schützen, drückst die Hände zusammen, wenn du nervös bist. Du klatschst in die Hände, um Freude auszudrücken, und winkst zum Abschied. Deine Hände sind ein starker Ausdruck dessen, was du bist.

Wenn du meditierst, hältst du die Handflächen nach oben gerichtet. Mir gefällt die Vorstellung, dass offene Handflächen ein offenes Herz bedeuten.

SCHWINGUNG DES TAGES
Heute bist du aufgefordert, einmal darauf zu achten,
wie deine Hände ausdrücken, wer du bist. Wie verbindest du
dich mit anderen, wie teilst du deine Gefühle mit und wie offen
ist dein Herz mit deinen Händen?
❀ *Nimm dir heute einen Moment, um zu meditieren.*
Setze dich entweder auf einen Stuhl, auf den Boden,
ins Auto oder wo du gerade bist.
❀ *Lege deine Hände mit den Handflächen nach oben*
auf deine Knie.
❀ *Nimm frische Energie mit deinen Handflächen auf*
und lass sie zu deinem Herzen fließen.

#Teile deine Schwingung
»Ich öffne meine Hände und mein Herz!«

SCHWINGUNG 40 – Glauben, um zu empfangen

Wir sind immer überzeugt, von allem getrennt zu sein, aber das sind wir nicht. Die großen spirituellen Lehrer der Welt sagen dir alle, dass du eins mit allem bist. Und wenn du ein spirituelles Zeichen wie 11:11 siehst, dann wirst du daran erinnert, dass das, was du suchst, bereits ein Teil von dir ist.

Früher haben die Leute immer zu mir gesagt: »Ich glaube es erst, wenn ich es sehe!« Aber sie haben sich geirrt. In Wahrheit wirst du das empfangen, was du suchst, wenn du glaubst, du hast es bereits.

In der *Bhagavad Gita*, Indiens führendem spirituellen Text, sagt Krishna, der wichtigste spirituelle Führer/der Vertreter Gottes, zu Arjuna:

> *»Wenn jemand mit vollständigem Glauben an etwas*
> *hingegeben ist, einige ich seinen Glauben daran.*
> *Und wenn dann sein Glaube vollständig geeint ist,*
> *gewinnt er das Objekt seiner Hingabe.«*

Was suchst du? Wonach strebst du? Du hast die Antworten, die Verbindung und die Fülle jetzt in dir. Glaube es.

SCHWINGUNG DES TAGES

Heute bist du aufgefordert zu sehen, dass du jetzt das
Universum in dir hast. Jede Faser und jede Zelle
deines Körpers und deines Seins ist in Kontakt mit allem,
was ist, war und jemals sein wird.
Alles, was du suchst, ist jetzt in dir.
Gehe in dein Inneres und ziehe es zu dir heran. Sage:

> *»Mein Leben ist eine Manifestation meiner Gedanken und*
> *Gefühle. Ich bin in der Lage, Wunder geschehen zu lassen.*
> *Ich bin bereit zu glauben und zu empfangen.*
> *Und so ist es!«*

#Teile deine Schwingung
»Ich glaube und dann empfange ich!«

ausdrücken

Chakra: Vishuddha (Hals)
Sitz: Hals, Kehlkopf und Schilddrüse
Farbe: Blau
Element: Raum

Vishuddha ist ein Sanskrit-Wort, das »Reinheit« bedeutet. Es ist der Name des spirituellen Energiezentrums, der unsere Fähigkeit lenkt, unsere Wahrheit zu sagen und unser emotionales Ich auszudrücken. In der Natur wäre das Halschakra das Lied der Natur – Vogelgezwitscher, das Heulen der Wölfe und das Brüllen der Löwen.

Was wir auf dieser Erde erfahren, hat viel zu tun mit der Frequenz, die wir abstrahlen, mit dem, was wir sagen und was wir nicht sagen.

Das Halschakra erlaubt uns den Zugang zu unserer Wahrheit, um ein Leben in Integrität führen zu können.

Es hat auch eine Beziehung zu unserem emotionalen Ich – wie wir unsere Emotionen ausdrücken, wie viel wir zurückhalten und wie aufrichtig wir mit uns und mit anderen sind.

Auf körperlicher Ebene kümmert sich das Vishuddha-Chakra um Hals, Kehlkopf und Schilddrüse. Es kann auch etwas mit den Ohren zu tun haben, da sie mit der Fähigkeit zu hören und gehört zu werden zusammenhängen.

Die heutige Lektion soll dir helfen, dich durch deine Stimme und durch deine Emotionen auszudrücken. Sie fordert dich zu tiefer Aufrichtigkeit mit dir selbst auf. Wenn du dich in die Energie des wahren Selbst-Ausdrucks bewegst, erhöhst du deine Schwingung und stehst aufrichtig und rein im Universum.

SCHWINGUNG 41 – Hals-Check!

Wir arbeiten uns durch die Chakras, die Energiezentren des Körpers, um unsere Schwingung zu erhöhen. Das nächste Chakra ist das Halschakra. Dieses Chakra repräsentiert unsere Fähigkeit, zu kommunizieren, zu erschaffen und unseren Körper mit Leichtigkeit zu reinigen. Es steuert Hals, Kehlkopf und Ohren. Damit seine Energie klar ausgedrückt werden kann, ist es wichtig, sich um diese Bereiche des Körpers zu kümmern.

Ich persönlich finde ja, dass der Hals viel aushalten muss. Ich mache häufig Yoga und musste mir deshalb in stärkerem Maße bewusst machen, wann ich meinen Hals in bestimmte Positionen dehne, vor allem, wenn ich einen bestimmten Blickwinkel einnehmen muss. Ich habe festgestellt, dass ich klarer hinsichtlich meiner Kreativität und Ausdrucksfähigkeit geworden bin, seitdem mein Hals entspannter geworden ist.

Das Halschakra ist der körperliche Raum, wo das ganze Gewicht der Welt auf deinen Schultern ruhen kann. Wenn es aus dem Gleichgewicht gerät, fühlt sich der Hals schief an. Es ist Zeit für dich, den

Bereich körperlich zu entspannen und für dich und deine Wahrheit energetisch Raum zu schaffen.

SCHWINGUNG DES TAGES

🌼 *Setze dich auf einen Stuhl oder im Schneidersitz*
auf den Boden, lege deine Hände
mit den Handflächen nach unten auf deine Knie.
🌼 *Atme ein und ziehe die Schultern zu den Ohren hoch.*
🌼 *Atme aus und lass deine Schultern sinken.*
🌼 *Hole ein paarmal tief Luft und entspanne deinen Nacken.*
🌼 *Bewege dich mit deinem Atem. Atme durch die Nase ein*
und blicke nach oben. Atme durch den Mund aus
(produziere dabei ein »Haaa« wie eine Welle)
und drücke dabei das Kinn gegen den Hals.
(Im Grunde nickst du langsam mit dem Kopf.)
🌼 *Mache dies etwa acht bis zehn Mal.*
🌼 *Jetzt atme durch die Nase ein und blicke nach links.*
🌼 *Atme durch den Mund aus und blicke geradeaus.*
🌼 *Atme durch die Nase ein und blicke nach rechts.*
🌼 *Atme durch den Mund aus und blicke geradeaus.*
🌼 *Mache dies etwa acht bis zehn Mal.*
🌼 *Entspanne. Empfange.*

»Heute nehme ich das Gewicht der Welt von meinem Nacken
und meinen Schultern. Ich schaffe den energetischen Raum, um
auszudrücken, wer ich wahrhaft bin.«

#Teile deine Schwingung
»Ich schaffe Raum in meinem Leben,
um mein wahres Selbst auszudrücken.«

SCHWINGUNG 42 – Drücke deine Emotionen und Erfahrungen aus

Es ist nie besonders leicht, Emotionen auszudrücken, aber es ist wichtig. Wir wissen alle, wie es ist, wenn wir etwas Emotionales zurückhalten. Denk nur einmal an den Ausdruck »Kloß im Hals«. Du weißt, was das ist, oder? Was passiert auf energetischem Level, wenn du wegen einer emotionalen Situation einen Kloß im Hals hast?

Wenn wir die Energie oder die Emotionen bei einer Erfahrung nicht ausdrücken, verstopft die Energie unser Halschakra – das expressive Zentrum unseres Körpers. Das kann zu Reaktionen in unserem Leben führen, die sich anfühlen wie Straßensperren. Hier ein paar Beispiele:

* Du verlierst deine Stimme.
* Du hast Probleme mit Zähnen, Hals oder Zahnfleisch.
* Schlechter Atem.
* Schilddrüsenprobleme.
* Ständig einen trockenen Mund.
* Du sprichst, wirst aber nicht gehört.
* Du sprichst, wirst aber missverstanden.

Kommt dir das bekannt vor? Wenn das so ist, ist die heutige Lektion besonders wichtig für dich, weil die abgestandene Energie, die sich aufgebaut hat, heraus muss.

SCHWINGUNG DES TAGES

Heute bist du aufgefordert, deine Gefühle und Erfahrungen liebevoll auszudrücken. Wenn du bisher etwas nicht gesagt hast, dann ist es jetzt Zeit, dich zu befreien. Wenn du deine Gefühle mit anderen teilst, schaffst du Raum in dir für Wunder. Wenn du dich von einem Gefühl befreist, schenkst du dir selbst Liebe. Wenn du deine Gefühle ausdrückst, vollziehst du einen Akt der Selbstliebe. Wenn du deine Gefühle ehrst, schaffst du Raum, um geehrt zu werden.

*Wenn du unsicher bist, wie du etwas nach außen hin sagen
sollst, sage es zuerst zu dir selbst. Führe ein aufrichtiges
Gespräch mit dir selbst – lass heraus, wie du dich wirklich
fühlst. Wenn du diesen tiefen Zustand der Aufrichtigkeit
erreicht hast, übergib dem Universum die Zügel
und lass dich von ihm führen.
»Danke, Universum, dass du mich mit Licht und
Unterstützung umgibst. Ich übergebe diese Situation völlig dir.
Danke, dass du mich auf eine Art führst, die ich erkenne,
sodass ich meine wahren Gefühle ausdrücken kann.
Es fühlt sich gut an, aufrichtig mit dir, mit mir und denen,
die ich liebe, zu sein. Ich bin bereit, meine Emotionen
und Erfahrungen auszudrücken.«*

#Teile deine Schwingung
*»Deine Emotionen und Erfahrungen auszudrücken,
ist ein Akt der Selbstliebe.«*

SCHWINGUNG 43 – Der Atem des Lebens

Atmen ist wichtig. In alten Yogatexten wird gelehrt, dass der Atem
prana repräsentiert, das Sanskrit-Wort für »Lebenskraft«. Wenn wir
also tief atmen, ziehen wir göttliche Lichtenergie in unseren Körper.

Atmen ist instinktiv. Wir atmen, ohne nachzudenken. Wenn ich
einen Yogakurs leite, fordere ich die Leute immer auf, daran zu denken. Wenn sie vergessen zu atmen oder den Atem anhalten, lassen sie
einen grundlegenden Instinkt fallen.

Die meisten Leute atmen schnell, wenn sie zu spät kommen. Sie
halten den Atem an, wenn sie unter Druck stehen oder einer Herausforderung begegnen. Aber das sind die Augenblicke, in denen wir die
Lebenskraft am meisten brauchen – das sind die Momente, in denen
wir aufgefordert sind zu atmen.

Einfach ausgedrückt, regeneriert dein Atem den Körper. Er bringt Sauerstoff in deine Zellen. Er hält dich am Leben.

Unsere Lungenkapazität ist ziemlich groß, aber im Allgemeinen nutzen wir sie gar nicht ganz aus. Die meisten Menschen, die unter Druck stehen, atmen nur mit den Lungenspitzen, was bedeutet, dass der obere Brustkorb und der Halsbereich reichlich Energie bekommen, aber viel weiter geht es auch nicht.

Wenn sich an einer Stelle zu viel Energie aufbaut, erhöhen wir eher unseren Stress, statt ihn abzubauen. Und wenn Energie sich bereits im Halsbereich aufbaut und wir noch zusätzlich durch unseren Atem Lebenskraft hineinbringen, dann wird es ein bisschen eng.

SCHWINGUNG DES TAGES
Heute bist du aufgefordert, so zu atmen, dass du die volle Kapazität deiner Lunge ausnutzt. Während du das tust, ziehst du reinweiße Lebenskraft in dein ganzes Sein und verjüngst deinen physischen Körper und deine spirituelle Anatomie.

Du solltest diese einfache Atemtechnik in Abständen durchführen.
☀ Lege deine Hände auf jede Seite deines Bauchs und atme in sie hinein. Fühle den natürlichen Rhythmus deines Atems, der durch deinen Körper hindurchfließt. Mache dies acht bis zehn Atemzüge lang.
☀ Lege deine Hände zu beiden Seiten auf deinen Rippenbogen und atme in sie hinein. Fühle, wie sich dein Zwerchfell bei jedem Atemzug weitet. Mache dies acht bis zehn Atemzüge lang.
☀ Lege deine Finger auf dein Schlüsselbein. Lass deine Hände leicht auf deinem Brustkorb liegen und atme in deine Hände. Fühle, wie dein Brustkorb sich hebt und deine Kehle sich bei jedem Atemzug mit prana füllt. Mache dies acht bis zehn Atemzüge lang.
☀ Wenn du diese Atemsequenz beendet hast,

kannst du es auch ohne Hände machen, indem du einfach
in diese Bereiche atmest. Die Verbindung des Atems im Bauch,
mittleren Körper und Oberkörper bildet den kompletten
yogischen Atem, der Körper, Verstand und Seele verbindet.

#Teile deine Schwingung
»Wenn ich vergesse zu atmen, vergesse ich meine Instinkte.
Heute entscheide ich mich, an meinen Atem zu denken und mit
Leichtigkeit zu atmen. Atmen ist instinktiv.«

SCHWINGUNG 44 – Hallo, Engel!

Du hast einen Schutzengel, der von Geburt an bei dir ist. Dieses Wesen aus reinem weißem Licht wird bei dir sein, bis du ins Herz des Universums zurückkehrst.

Engel sind der Herzschlag des Universums. Ich finde, sie sind die Erweiterung der universellen Liebe, die in persönlicher Gestalt zu uns kommt. Unsere Beziehung zu unserem Schutzengel reflektiert unsere Beziehung mit der universellen Lebenskraft.

Engel wollen nicht angebetet werden und sie wollen auch nicht, dass wir uns vor ihnen verneigen. Sie wollen einfach nur, dass wir auf der Erde Glück und Frieden erfahren.

Seit ich vor über zwölf Jahren meinem Schutzengel begegnet bin, ist kein Tag vergangen, an dem ich nicht mit ihm gesprochen oder ein Gebet an die Engel im Allgemeinen geschickt habe. Engel reagieren auf unsere Gebete und Gedanken. Ich habe gelernt, dass sie es lieben, wenn du dich bei ihnen bedankst – nicht, weil sie das Lob oder das Gefühl, mächtig zu sein, genießen, sondern weil unsere Wahrnehmung durch den Dank von leer zu voll geht.

SCHWINGUNG DES TAGES
Heute bist du aufgefordert, mit deinem Schutzengel
zusammen zu sein. Dein Engel liebt dich bedingungslos.

Er ehrt deinen freien Willen und greift höchstens in einer
Situation auf Leben und Tod ein. Du kannst deinen Engel
nur erleben, indem du akzeptierst, dass Engel um dich herum
sind, und indem du sie in dein Leben einlädst.
Jede Sekunde liebt dein Engel das Licht, das du bist, mehr.
Eines Tages wirst du dein Licht selbst sehen.
Heute bist du aufgefordert, Ausschau nach Erinnerungen zu
halten, die dir klarmachen, dass dein Engel in deiner Nähe ist.
Du findest vielleicht eine Feder, siehst die Zahl 44
(die Engelszahl) oder hörst möglicherweise ein Lied im
Radio mit einer Botschaft von den Engeln.
Arbeite heute und immer, wenn du die Präsenz deines Schutz-
engels erleben möchtest, mit dem folgenden Gebet:

»Hallo, Schutzengel! Es ist so schön zu wissen, dass du jetzt
hier bei mir bist und dich um mich und mein Leben kümmerst.
Ich bin so dankbar dafür, dass ich den Weg nicht ohne dich
gehen muss und dass du mich unterstützt. Heute öffne ich mich
dir, deiner Präsenz und deiner Hilfe. Danke, dass du mich an
deine Präsenz erinnerst, dass du mir enthüllst, was ich wissen
muss, und dass du mir Zeichen deiner Anwesenheit sendest.
Danke, danke, danke! Und so ist es!«

#Teile deine Schwingung
»Ich liebe es, mit meinem Engel zusammen zu sein!«

SCHWINGUNG 45 – Intuitive Integrität

Du bist viel intuitiver, als dir klar ist. In Wahrheit wirst du jede Minute des Tages geführt. Aber manchmal fällt es dir vielleicht schwer zu unterscheiden, ob das, was du hörst, auf Angst oder Liebe beruht.

Wenn du in dir eine Stimme sprechen hörst, vor allem, wenn du meditierst oder betest, fragst du dich wahrscheinlich, ob du deine

Fantasie oder dein Ego hörst. Es ist Zeit für dich, intuitiv zu wissen, was für dich richtig ist. In dir ist eine Seele und diese Seele hat eine Stimme. Diese Stimme ist deine innere Führung, dein innerer Lehrer, eine Kraft, die nur das Beste für dich will.

Das Ego hat immer einen Plan. Es wird immer in der Vergangenheit oder der Zukunft sprechen. Wenn du eine Stimme hörst, die dir sagt, du sollst das und das tun und in so und so vielen Wochen oder Monaten würdest du die Ergebnisse sehen, ist das dein Ego. Wenn dir eine Stimme sagt, falls du nicht das und das änderst oder etwas Bestimmtes tust, dann hättest du Pech, würdest versagen oder dick und hässlich werden, dann ist das auch das Ego.

Die Stimme deiner Seele wird immer im Präsens sprechen. Sie spricht liebevoll mit dir und wird immer darauf hinweisen, wie weit du gekommen bist, welche Talente du besitzt und dass du wesentlich stärker bist, als du weißt. Die Stimme deiner Seele hat zwar nicht immer einen Plan, aber sie wird dich daran erinnern, dass das Universum dir mit dem nächsten Schritt entgegenkommt, wenn du einen Schritt vorwärtsmachst. Sie ermuntert dich, einen Vertrauenssprung zu wagen, weil sie weiß, dass dich deine Engel und geistigen Führer immer auffangen.

SCHWINGUNG DES TAGES
Heute führst du ein liebevolles Gespräch mit deiner Seelenstimme, um sie aufzufordern, laut und deutlich zu sprechen. Bitte deine Engel, dir zu helfen, die Führung deines inneren Lehrers zu erkennen, damit du dem wahren Verlangen deines Herzens folgen und Schritte zu einem Leben voller Liebe unternehmen kannst.
»Danke, Seele, dass du so ein großartiger Lehrer bist. Ich bin überwältigt vor Freude, dass du mit mir gesprochen hast, und ich verspreche, alles getan zu haben, um deiner Führung zu folgen.
Danke, Engel, dass ihr mir helft, die Stimme meiner Seele zu erkennen, damit ich zu einem Leben voller Integrität und Zielen komme.

Ich stelle fest, dass die Stimme meiner Seele laut ist,
wenn ich bereit bin, ihr zuzuhören.
Heute bin ich bereit zu hören, also lasst sie mich laut
und deutlich hören. Und so ist es!«

#Teile deine Schwingung
»Heute beschließe ich, die Stimme meiner Seele zu hören!«

SCHWINGUNG 46 – Meine Wahrheit ist mein Lehrer

Es ist nicht immer leicht zu sagen, was du sagen willst, vor allem, wenn du dir Sorgen machst, jemanden zu verärgern oder im Stich zu lassen. Deine Wahrheit auszusprechen, indem du etwas tust, was du tun musst, oder jemandem sagst, wie du wirklich fühlst, ist eine große spirituelle Lektion. Es ist der Moment, in dem du in deine Macht trittst und sich deine spirituelle Energie ausdehnt.

Wenn du deiner Wahrheit nicht folgst, legst du dir selbst Steine in den Weg.

Wahrheit ist ein großartiger Lehrer, weil du tiefe spirituelle Integrität erlangst, wenn du dich selbst so sehr liebst, dass du zugeben kannst, was du aussprechen musst. Nur so schaffst du Raum in deinem Leben.

Wenn du dir Sorgen machst, was passieren wird, dann musst du wissen, dass das Universum immer einen besseren Plan für dich hat. Und um den nächsten Schritt tun zu können, musst du erst einmal den ersten getan haben. Niemand hat behauptet, es sei ein leichter Weg, oder? Aber wenn du deine spirituelle Verbindung und deine Schwingung erhöhen willst, dann musst du aufrichtig mit dir selbst und mit allen um dich herum sein.

SCHWINGUNG DES TAGES
Um deine Wahrheit der Welt klar, aufrichtig und liebevoll
mitteilen zu können, musst du erst einmal ein liebevolles

Gespräch mit dir selbst führen. Sage dir, dass alles total cool
wird und dass du mehr als genug Unterstützung hast, um
diese Entscheidung treffen zu können. Denke daran, deine
Wahrheit liebevoll auszusprechen. Das ehrt auch die andere
Person, der du die Wahrheit mitteilst.
Sage dir, du bist mehr als gut genug. Sage dir, du bist
göttliches Licht und hast alle deine früheren Entscheidungen
auf der Basis der Informationen, der Wahrnehmung und der
Einsichten, die du damals hattest, getroffen. Du weißt,
dass das wahr ist. Sage dir, wenn du dich jetzt aufrichtig
öffnest, wirst du befreit.

Und jetzt sage deine Wahrheit in liebevoller Weise.

#Teile deine Schwingung
»Meine Wahrheit ist mein Lehrer.«

SCHWINGUNG 47 – Zusammenkommen und kommunizieren

An diesem Punkt deiner 111 spirituellen Techniken spürst du jetzt hoffentlich Klarheit über deine Kommunikationsfähigkeiten. Je klarer wir auf der Erde mit unseren Freunden, unseren Liebsten und unseren Familien kommunizieren, desto klarer kommen wir mit dem Göttlichen zusammen.

Ein liebevolles, offenes Gespräch mit dem Göttlichen ist so wichtig. Wenn wir uns wirklich hinsichtlich unserer Gefühle, Gedanken, Ängste und Entscheidungen öffnen, geben wir dieser göttlichen Präsenz Raum in unserem Leben, damit sie uns unterstützen kann.

Unsere Engel, unsere geistigen Führer und die universelle Lebenskraft sind immer bei uns – sie sind auch jetzt hier –, aber damit sie uns unterstützen können, müssen wir ihnen Raum und Erlaubnis geben. Sie wissen viel über unsere Gedanken und Gefühle, aber sie können oft nicht eingreifen, weil sie nichts gegen unseren freien Willen unternehmen können.

Wenn du dich öffnest und die Absicht erklärst, klar mit der Präsenz der Liebe zu kommunizieren, die Teil von dir ist, dann wird dein Gespräch auf einer Gebetswelle ins Herz des Göttlichen getragen. Das Göttliche hört diese Gespräche immer. Und eine Welle der Heilung, Hilfe und Unterstützung wird wie ein Echo tiefer Liebe zu dir zurückkommen.

SCHWINGUNG DES TAGES
Es ist Zeit, ein liebevolles Gespräch mit dem Göttlichen zu führen. Es spielt keine Rolle, wie du das Göttliche siehst – es könnte ein bestimmter Heiliger, ein Aufgestiegener Meister, ein Engel, eine Gottheit oder sogar der Kosmos sein. Du musst nur wissen, dass es bereit ist, dir zuzuhören.

Das Universum ist immer mehr als bereit, dir zu helfen, als du, dir helfen zu lassen. Es ist Zeit, dich zu öffnen und zu erkennen, dass das Göttliche deine größte Liebe ist, dein bester Verbündeter und dein wahrer Freund. Sprich offen mit ihm. Teile ihm deine Sorgen mit, enthülle deine Gefühle, lass deine Emotionen heraus und atme tief durch.

»Universum, ich bin dankbar für deine Liebe und Unterstützung. Ich danke dir, dass du mich zu dieser Zeit klar hörst und Wellen der Liebe und des Lichts über die Bereiche meines Lebens spülst, in denen ich Sorgen habe. Ich weiß, du bist mein größter Freund, Verbündeter und meine Liebe. Ich danke dir jetzt für deine Liebe und Unterstützung. Danke, danke, danke!«

#Teile deine Schwingung
»Das Universum ist mein größter Freund, Verbündeter, Liebe und Unterstützung ...«

SCHWINGUNG 48 – Schwingungsgeräusche

Geräusche sind ein mächtiges Werkzeug. Musik vor allem ist ein Medium für Wunder. Sie erlaubt uns Zugang zu tieferen Aspekten unserer selbst. Ich war nicht überrascht, als ich erfuhr, dass der menschliche Herzschlag das Tempo von Musik widerspiegelt. Für mich ist Musik die Sprache der Liebe.

Wenn du Musik hörst, die zu deiner Seele spricht, erhöhst du deine Schwingung beträchtlich. Wenn du zu Musik, die du liebst, tanzt oder wenn du Musik, die dich berührt, aufmerksam hörst, in ihrer Begleitung meditierst oder dich entspannst, dann spiegelt nicht nur dein Herz den Takt wider, sondern dein spirituelles Herz öffnet sich, um höher schwingende Energie, Heilung und Erkenntnis zu empfangen.

Es gibt einen kraftvollen Song, den ich oft bei meinen spirituellen Seminaren verwende, um alle zu öffnen. Er bringt Wellen der Liebe und der Heilung und erlaubt den Menschen, die ihn hören, sich vollständig dem Göttlichen zu öffnen. Es ist »A Hundred Thousand Angels« von Lucinda Drayton. Immer wenn ich ihn abspiele, öffnet sich in mir alles.

Lucinda hat den Song live auf dem Mind Body Spirit Festival am 11/11/11 um 11:11 Uhr vormittags gesungen. Als ich ihn hörte, platzte mein Herz förmlich auf. Ich stehe auf dem Podium, ein paar Tausend Menschen vor mir, und ich soll eigentlich Raum für das Licht schaffen. Doch als Lucinda ihr Lied mit tiefer Anmut und Reinheit singt, bin ich ein emotionales Wrack.

Okay, ich war nicht wirklich ein Wrack. Es war eher so, dass ich in mir einen Raum für die universelle Liebe offen hielt. Ich habe göttliche Liebe in meinen ganzen Körper gelassen, und wenn ich seitdem diese Musik höre, geht es mir immer wieder so.

SCHWINGUNG DES TAGES

Heute bist du aufgefordert, dir die Musik zu suchen, bei der dir das Herz aufgeht. Welcher Song gibt dir das Gefühl, offen, nackt und verbunden mit einer Präsenz der Liebe zu sein,

die über jedes menschliche Begreifen hinausgeht?
Suche sie dir, spiele sie und lass dich von ihr in die Präsenz
der Liebe singen, die tief in dir wohnt.
Wenn dir Tränen in die Augen treten, lass sie fließen.
Eine lichterfüllte Lebenskraft durchdringt
dein ganzes Sein. Atme und wisse, dass du mit etwas
Größerem verbunden bist.

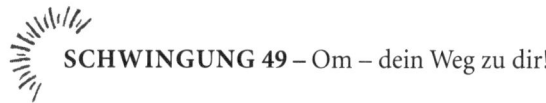

#Teile deine Schwingung
»Musik öffnet mein Herz
und feiert die immerwährende Liebe.«

SCHWINGUNG 49 – Om – dein Weg zu dir!

Nach zahlreichen östlichen Glaubenslehren war am Anfang das »Om«, der universelle Laut der Schöpfung. Es war nicht nur ein Laut, es war eine Schwingung, die sich durch das gesamte Universum zog, der Samen der letztendlichen Lebenskraft.

Aus diesem Grund chanten Yoga-, Meditations- und Achtsamkeitskurse »Om«, teils vielleicht aus spiritueller Tradition, aber auch als spirituelles Werkzeug, um sich mit etwas Größerem zu verbinden. Wenn ich »Om« chante, geht eine Schwingung des Friedens durch meinen innersten Kern. Ich fühle, dass ich das Lied der Schöpfung singe, und ich ehre alle großen alten Weisen und spirituellen Lehrer, die vor mir gegangen sind.

»Om« wird auch am Anfang und am Ende aller heiligen spirituellen Lehren des Ostens verwendet, zum Beispiel in den Veden und den Upanischaden, zwei der einflussreichsten Sammlungen spiritueller Texte Indiens. Ich habe erst vor wenigen Jahren begonnen zu chanten, nachdem ich einige Male in Indien war, um Yoga und Meditation zu lernen, aber mittlerweile ehre ich den Laut »Om«.

Wenn wir »Om« chanten, erkennen wir an, dass wir Teil des größeren Lebensbilds sind.

SCHWINGUNG DES TAGES

Heute ist es an der Zeit, »Om« zu chanten.
Wenn du »Om« chantest, gehst du in die universelle
Schwingung, die durch dich hindurchfließt und dich mit allem
und jedem verbindet, was ist, war und jemals sein wird.
Wenn du »Om« chantest, drehen sich deine Chakras und öffnen
deine göttlichen Verbindungen. Deine persönliche Schwingung
wird zum Göttlichen gehoben.
Wenn du »Om« chantest, wirst du in den Himmel zurück-
geholt und schaffst den Himmel auf Erden.
Hole tief Luft und chante »Om« ...
Halte den Laut, solange du kannst, und fühle die Verbindung
mit allem, was ist und was jemals sein wird.
Um es dir zu erleichtern, in den Laut zu kommen, kannst
du »Om« im Auto üben oder überall, wo du alleine bist.
Ich sage »Om« auf dem Weg zum Yoga, zur Arbeit und
nach Hause, um mein körperliches Ich in diese Schwingung
des Einsseins zu bringen.

#Teile deine Schwingung
»›Om‹ ist die Schwingung des Einsseins.«

SCHWINGUNG 50 – Klare Absichten

Deine Stimme ist kraftvoll und wird gehört. Selbst wenn du Probleme beim Sprechen hast oder taub bist, wisse, dass deine Stimme laut und kraftvoll ist und vom Göttlichen gehört wird.

Die Stimme, von der ich rede, ist nicht der Laut, der aus deinem Mund kommt, sondern es sind die Absichten in deinem Inneren. Jede einzelne deiner Absichten geht ins Universum und kommt wie ein Bumerang zu dir zurück – vor allem, wenn du dich darauf fokussierst. Daher ist es wichtig für dich, an das zu denken, was du wünschst und liebst, statt an das, was du fürchtest. Du musst dir über das, was du willst, im Klaren sein. Vielleicht machst du ja gerne Listen, auf Papier oder im Kopf, über das, was du gerne tun möchtest – aber wenn du genau weißt, dass in der Vergangenheit daraus Listen von Dingen geworden sind, die du nicht erreicht hast, ist es Zeit, das zu ändern.

Du hast eine nie versiegende Quelle der Inspiration und des Lichts in dir. Wenn du jedoch das Gefühl hast, dass ein bestimmtes Ziel oder Streben »unrealistisch« ist, dann wirst du es nicht schaffen können. Aber kein Wunder und keine Manifestation ist größer als die nächste. Nichts ist unrealistisch, es sei denn in deinem Kopf. Wenn deine Absichten in Bezug auf einen Traum unklar sind, dann wird auch nur das in Erfüllung gehen.

SCHWINGUNG DES TAGES
Du bist aufgefordert, kristallklare Absichten zu haben. Was
willst du vom Leben? Was fühlt sich für dich realistisch an?
Beschränkt ist nur deine Fähigkeit, Wunder zu akzeptieren.
Heute ermutigst du dich selbst, über die Grenzen deiner
Vergangenheit hinauszugehen und dich in einen Raum mit
unbegrenztem Potenzial zu bewegen.
Denke an ein oder mehrere Ziele, die du manifestieren willst.
Mache dir klar, dass diese Absichten realistisch sind und von dir
erreicht werden können. Realisiere, dass du die Fähigkeit hast,
sie real werden zu lassen.
»Ich habe das Recht, gehört zu werden. Das Universum hört
auf meine Absichten. Heute will ich mir über das, was ich will,
klar sein. Ich habe die Fähigkeit, Wunder zu erschaffen.
Ich entscheide mich, diese Wunder mit offenen Armen
willkommen zu heißen! Und so ist es!«

#Teile deine Schwingung
»Das Universum hört immer zu.
Ich mache meine Absichten klar.«

SEHEN

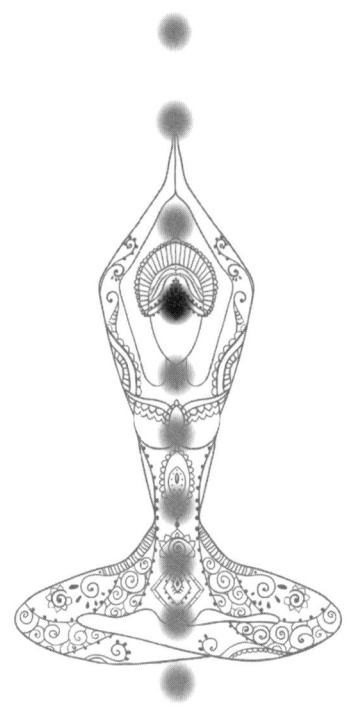

Chakra: Ajna (Stirn/drittes Auge)
Sitz: Die Mitte der Stirn
Farbe: Indigoblau/Violett
Element: Raum

Ajna ist ein Sanskrit-Wort, das »wahrnehmen« oder »Wahrnehmung« bedeutet. Es ist der Name des spirituellen Energiezentrums, das mit unserer inneren Vision verbunden ist. Von dieser Stelle aus wird Hellsichtigkeit aktiviert und auch die Fähigkeit, visionär zu sehen, was wir erschaffen möchten. In der Natur wäre das Ajna-Chakra die universelle Lebenskraft, das Netz der Energie, das durch das gesamte Leben geht und uns mit allem, was ist, verbindet.

Bei diesem Energiezentrum geht es um den Kopf, die Augen und alles, was im Verstand vor sich geht. Es steuert unsere Sicht der Welt und die Verarbeitung von allem, was wir in der Welt erleben.

Was wir außen sehen, ist letztendlich ein Ausdruck dessen, was wir im Inneren glauben. Durch die Ajna-Lektionen lernst du, dein Denken von Angst zu Liebe zu verändern. Hier erkennst du auch, wie wichtig Achtsamkeit für den Verstand ist.

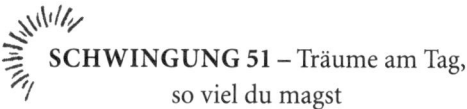

SCHWINGUNG 51 – Träume am Tag, so viel du magst

In der Schule galt ich als Träumer. Ich konnte stundenlang dasitzen und in die Luft gucken – sehr zum Missfallen meiner Lehrer. Obwohl es nach außen hin so aussah, als ob ich absolut nichts tat, hatte ich im Inneren eine großartige Zeit.

Bis heute erträume ich mir die wundervollsten Reisen. Selbst wenn meine Augen offen sind, sehe ich nicht immer, was in der Außenwelt passiert, weil ich innerlich in meinen Abenteuern unterwegs bin.

Ich glaube, Tagträume sind der Schlüssel zum Erwachen und zur Entwicklung der inneren Vision. Wenn du tagträumst, kann sich dein drittes Auge öffnen. Das ist der Raum in deiner spirituellen Anatomie, durch den du dich mit dem Himmel, mit den Engeln, geistigen Führern und sogar deiner Fähigkeit zu manifestieren verbinden kannst.

Wenn du wegen Tagträumens als Kind von deinen Eltern oder deinen Lehrern ausgeschimpft worden bist, hast du vielleicht das Gefühl, dass es etwas Schlechtes oder Zeitverschwendung ist. Es ist an der Zeit, dir klarzumachen, dass es eigentlich ein Wunder ist. Tagträume sind ein mächtiges Werkzeug, das dir den Zugang zu deinen tiefsten Bewusstseinszuständen erlaubt, sodass du in deinem Alltag viel klarer wirst.

Im geistigen Raum hast du die Fähigkeit, Wunder zu erschaffen. Erinnere dich, ein Wunder ist eine Veränderung der Wahrnehmung. Es ist die Fähigkeit, sich eher den bestmöglichen Ausgang für eine

Situation vorzustellen, als das Scheitern zu planen. Ein Wunder ist der Moment, in dem du dich mit jemandem streitest und dir vorstellst, er wäre von heilendem Licht umgeben, statt dir vorzustellen, wie du ihm einen Boxhieb auf die Nase verpasst oder mit Messern nach ihm wirfst.

Du kannst Wunder erschaffen. Du verdienst Wunder. Und jetzt bewirke Wunder.

SCHWINGUNG DES TAGES

Heute bist du zu extremem Tagträumen aufgefordert.
Schaffe dir Zeit, um irgendwo ein kleines Abenteuer zu erleben.
Deine Augen können dabei offen oder geschlossen sein.
Vielleicht nutzt du deinen Tagtraum, um anderen zu dienen,
indem du dir vorstellst, dass alle, die du liebst, von den Engeln
unterstützt werden. Du kannst dir auch vorstellen, wie du deine
Lieblingssportart ausübst. Oder du erlebst eine
Kindheitserinnerung oder ein Hobby noch einmal.
Was auch immer es ist, tue etwas, was dir das Gefühl gibt,
lebendig zu sein. Und wenn deine Tagträume klarer werden,
wird es auch deine hellseherische Sicht.
Um es dir leichter zu machen, ist hier eine Absicht, mit der du
alte Blockaden gegen Tagträume auflösen kannst:
»Es ist mein spirituelles Recht zu träumen. Ich gebe mir die
Erlaubnis, Erfahrungen im Verstand zu erschaffen. Mein
Verstand ist das Medium für Wunder, und heute erlaube ich
ihm, sich selbst auszudrücken. In meinen Träumen habe ich
unbegrenztes Potenzial. Ich lasse diese Freiheit in mein ganzes
Leben eindringen. Durch Träumen drückt sich meine innere
Vision aus. Ich bin ein Träumer, und das ist großartig!«

#Teile deine Schwingung
»Durch Tagträume stärke ich meine Verbindung
zu Wundern!«

# SCHWINGUNG 52 – Innere Vision, äußerer Ausdruck

Was du in deiner inneren Welt siehst, hat viel mit dem zu tun, was du in deiner äußeren Welt erlebst. Du musst also Gedanken, Träume und Ideen erzeugen, die für dich auf liebevolle Weise funktionieren.

Ich möchte noch einmal betonen, dass es nicht darum geht, das Universum zu kontrollieren. Es geht vielmehr darum, ihm auf halbem Weg entgegenzukommen und zuzulassen, dass es dich unterstützt.

Wie bereits erwähnt, hat jede Idee, jede Vision, jeder Traum und jedes Gefühl im Inneren eine Art Wirkung auf das Feld um dich herum. Du kennst ja das Gefühl, wenn etwas schiefgeht und immer schlimmer wird, je mehr du darüber nachdenkst. In diesen Momenten des Zweifels, des Verlusts und der Verwirrung ist deine innere Vision wichtiger denn je.

SCHWINGUNG DES TAGES
Heute bist du aufgefordert, deine innere Vision zu erschaffen.
Wähle Gedanken, Gefühle und Tagträume, die für dich
funktionieren. Jede deiner Visionen stammt aus dem
Universum und erschafft deine nächste Erfahrung.
Wenn du heute eine Vision, einen Gedanken oder ein Gefühl
hast, die nicht zu deinen Gunsten funktionieren, kannst du
sagen: »Ich lösche diese Absicht und ersetze sie durch Liebe!«
Dann denke an etwas, was für dich funktioniert.
Wir alle machen Fehler, vor allem in Gedanken, aber du kannst
es korrigieren und deine Absichten neu formulieren.

#Teile deine Schwingung
»Meine äußere Welt ist ein Ausdruck meiner Absichten.«

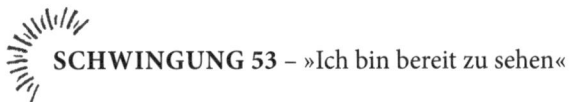

SCHWINGUNG 53 – »Ich bin bereit zu sehen«

Häufig heißt es, hellsichtig zu sein oder Engel zu sehen sei eine »Gabe«. Das ist eine Illusion, die das Ego geschaffen hat, weil manche Leute »besonderer« sein möchten als andere.

In Wahrheit jedoch sind wir alle besonders und besitzen die »Gabe«. Keiner von uns ist besonderer oder begabter als jemand anderer. Natürlich haben wir alle spezielle Talente und können manche Dinge besser als andere, aber elitäres, spirituelles Denken unterstütze ich nicht.

Es ist dein spirituelles Recht, Energie zu sehen, weil du Energie *bist*. Du bist eine Seele, die in einem Körper lebt, und diese Tatsache garantiert dir, dass du die Fähigkeit, dein wahres Ich zu sehen, erkennen und entwickeln kannst.

Wenn du bereit bist, auf einem Seelenlevel zu sehen – wenn du deine geistigen Führer, deine Engel oder sonst jemanden in einem spirituellen Kontext sehen möchtest –, dann musst du zuerst bereit sein, dein eigenes Licht zu erkennen und zu akzeptieren. Wenn du deine eigene wahre Essenz erkennst und deine Seele ehrst, wirst du deine spirituelle Sicht entwickeln.

SCHWINGUNG DES TAGES
Es ist Zeit zu erkennen, dass du eine höhere Energie
in einem physischen Körper bist. Du bist eine Seele,
die eine menschliche Erfahrung macht.
❀ *Gehe zum Spiegel und schaue dir direkt in die Augen.*
❀ *Sieh das Licht in deinen Augen.*
❀ *Sieh, dass hinter diesen Augen ewige Liebe steht.*
❀ *Blicke liebevoll in diese Augen und wisse, dass sie der Spiegel*
deiner Seele sind.
❀ *Wenn du bereit bist, sage:*

»Ich bin bereit, das Licht meiner Seele zu sehen.
Ich bin bereit zu sehen, wer ich wirklich bin.

Ich bin bereit, dieses Licht in der ganzen Menschheit zu sehen.
Ich bin bereit zu sehen. Und so ist es!«

☀ *Genieße diesen Moment. Atme ihn aus.*
Wisse, dass du tiefe Veränderungen in deiner Sicht bewirkst.

#Teile deine Schwingung
»Es ist mein spirituelles Recht, das Licht meiner Seele
zu sehen.«

SCHWINGUNG 54 – WwW – Wirklich wichtige Wahrnehmung

Wahrnehmung ist alles. Wie wir gerade gesehen haben, erfährst du die Dinge so, wie du sie wahrnimmst. Du bist jetzt in einem Raum, in dem eine Vision erwacht. Dieser Raum ist heilig.

Das Dritte-Auge-Zentrum liegt mitten auf der Stirn. An dieser Stelle wird deine innere Sicht aktiviert. Ihr Name, *Ajna*, ist Sanskrit für »Wahrnehmung«, und dieses Chakra wird in spirituellen indischen Texten als Brücke zwischen Schülern und Gurus oder Lehrern bezeichnet. Es erlaubt uns auch, uns mit unserem inneren Lehrer zu verbinden.

Wenn du dich auf einen bestimmten Aspekt deines physischen Körpers konzentrierst, schickst du Energie in diese Richtung. Wenn du auf die Mitte deiner Stirn meditierst, genau zwischen deinen Augenbrauen, schickst du Ströme von Energie zu deinem dritten Auge.

Dies ist ein wichtiger Aspekt zur Erhöhung deiner spirituellen Wahrnehmung, weil du die Chance ergreifst, einen göttlichen Aspekt deiner selbst zu erkennen, der vielleicht viele Jahre geschlummert hat. Wenn du mehr sehen, besser visualisieren und deine Verbindung zur anderen Seite öffnen möchtest, dann ist dies etwas, was deine Aufmerksamkeit erfordert.

SCHWINGUNG DES TAGES

Heute bist du aufgefordert, deine Aufmerksamkeit auf dein Drittes-Auge-Zentrum zu richten. Eine kurze Meditation, in der du all deine Wahrnehmung auf den Raum zwischen deinen Augenbrauen richtest, erlaubt der göttlichen Energie, frei zu diesem Raum zu fließen.

Am besten ist es, du setzt dich dazu hin, entweder aufrecht oder im Schneidersitz. Wenn dir das schwerfällt, während du dich gleichzeitig auf dein drittes Auge konzentrierst, kannst du die Meditation auch im Liegen machen und dir etwas Leichtes auf die Stirn legen. Als ich diese Technik in Indien gelernt habe, haben wir dazu eine Ein-Rupien-Münze genommen (wir haben es im Sitzen gemacht und mussten dabei die Münze auf der Stirn halten), aber ich empfehle einen kleinen Kristall deiner Wahl oder auch einen Ring.

☀ *Wenn du dir im Klaren darüber bist, wie du die Meditation durchführen willst, setze oder lege dich hin.*

☀ *Atme tief und gleichmäßig. Wenn du liegst, solltest du deine Energie wach halten (damit du nicht einschläfst), indem du deinen Solarplexus (Bauch) ein bisschen einziehst.*

☀ *Stelle dir vor, dass mit jedem Atemzug ein reines weißes Licht durch deinen ganzen Körper strömt und in dem Raum zwischen deinen Augenbrauen ankommt.*

☀ *Um an der Entwicklung deiner visuellen Fähigkeiten zu arbeiten, kannst du innerlich oder auch laut sagen:*

»Mit jedem Atemzug ziehe ich das Licht des Universums in meine innere Vision!«

☀ *Meditiere so lange, wie du es brauchst. Ich empfehle, den Timer auf fünf bis zehn Minuten einzustellen, aber es kann auch länger dauern, wenn du dich dabei wohlfühlst.*

#Teile deine Schwingung
»Ich bin bereit, meine innere Vision zu erfahren.«

SCHWINGUNG 55 – Das alles-sehende Auge

Das Chakra-Rad sieht oft aus wie Wirbel oder sich drehende Räder, aber das dritte Auge hebt sich immer ab, weil es häufig als tatsächliches Auge gesehen wird.

In der traditionellen Kunst des Ostens (sowohl der hinduistischen wie der buddhistischen) siehst du viele Gottheiten, bei denen ein drittes Auge zwischen den Augenbrauen sitzt. Oft ist dieses Auge nicht vollständig geöffnet. Du kannst dein drittes Auge willentlich öffnen und schließen, aber es öffnet und schließt sich während deines Lebens auch auf natürliche Weise.

Obwohl eigentlich kein Augapfel zwischen deinen Augenbrauen sitzt, erlaubt die Energie dieses Chakras dir, es so darzustellen, damit du tief hineinblicken kannst, um eine Verbindung mit ihm zu schaffen und seine Fähigkeiten zu aktivieren.

Es war einer der aufregendsten Aspekte meiner persönlichen spirituellen Entwicklung, als ich mein Drittes-Auge-Zentrum gesehen habe. Ich habe das Gefühl, es wollte mich immer schon auf sich aufmerksam machen, denn seit meiner Kindheit habe ich Augen gezeichnet und ich hatte viele Jahre immer wiederkehrende Kopfschmerzen genau an dieser Stelle.

SCHWINGUNG DES TAGES
Heute bist du aufgefordert, in dein Drittes-Auge-Zentrum
zu schauen. Es gibt viele Möglichkeiten, das zu tun.
Wenn du eine visuelle Person bist, meditierst du am besten.
Aber wenn du sehr kreativ bist, kannst du dein drittes Auge
auch malen oder zeichnen, damit du es auf physischer
Ebene sehen kannst.
Ich empfehle dir, diese Meditation auszuprobieren.
Damit kannst du eine wirklich persönliche Beziehung zu
deinem dritten Auge und daher zu deiner inneren Vision
und deinen hellseherischen Fähigkeiten herstellen.

149

✺ Umgib dich mit allem, was sich für dich gut anfühlt.
Vielleicht möchtest du Kristalle aufstellen und ein paar Kerzen
anzünden. Tue, was sich mehr oder weniger richtig anfühlt.
✺ Setze dich ruhig hin und atme ein paarmal tief durch,
um in deine Mitte zu kommen.

Dann sprich diese Absicht laut aus:
»Göttliche heilige Vision, Ajna, drittes Auge, Stirnchakra, ich
bin bereit zu erwachen. Ich bin bereit, meine Wahrheit zu
erfahren. Danke, dass du mir deine wahre Essenz enthüllst,
sodass ich dich besser lieben und pflegen kann. Ich erkenne,
dass du ein göttlicher Aspekt von mir bist. Ich entschuldige
mich für die Zeiten, in denen ich dein Drängen, deine Führung
und deine Vision ignoriert habe. Heute bin ich bereit, das zu
ändern. Ich bin bereit, dein Licht voll zu empfangen. Ich bin
bereit, durch dich zu sehen. Ich entscheide mich jetzt, mit
meinem dritten Auge zu sehen.«

✺ Hole tief Luft und schließe deine physischen Augen.
✺ Visualisiere dein Drittes-Auge-Zentrum. Wie sieht es aus?
Welche Farbe hat es? Ist es vertikal oder horizontal wie
deine physischen Augen platziert? Hat es etwas in sich?
Was kannst du damit sehen?
✺ Wenn du fertig bist, danke ihm, dass du es sehen durftest.
✺ Öffne deine Augen.
✺ Schreibe auf, was du empfangen hast.
✺ Und jetzt gehe und genieße deinen Tag mit einer klaren,
neuen Sicht.

#Teile deine Schwingung
»Meine innere Vision ist ein göttlicher Aspekt meiner selbst.«

SCHWINGUNG 56 – Achtsames Manifest

Achtsamkeit ist der Schlüssel zu innerer Vision. Die meisten Leute haben die verrückte Vorstellung, dass Achtsamkeit (was ein neuer Modebegriff ist) bedeutet, sie müssten komplett still im Kopf sein, aber es bedeutet eigentlich nur, auf seine Gedanken und Gefühle zu achten. Eine Achtsamkeitsübung beginnt mit etwas ganz Einfachem: wie du sitzt. Eine bequeme Sitzposition zu finden ist wichtig, um dein Gefühl für Achtsamkeit und Verbindung zu deiner inneren Vision zu erhöhen.

Wenn du bequem sitzt, achte auf deinen Verstand. Du wirst Gedanken haben. Du wirst verrückte Gedanken haben. Einkaufslisten. Ängste. Emotionen. Vorwurfsvolle Gedanken. Liebevolle Gedanken. Outfits. Wer weiß schon, was dir in den Sinn kommt, wenn du meditieren willst?

Du bist achtsam, wenn du deine Gedanken anerkennst, statt zu versuchen, sie zum Schweigen zu bringen. Immer wenn ein Gedanke aufkommt, der dich von deiner Schwingung abbringt oder von deinem meditativen Fokus ablenkt, kannst du ihn annehmen und ändern.

Aber wenn du stattdessen bestätigst, dass du es nicht kannst, weil deine Gedanken nicht schweigen wollen, dann funktioniert es nicht!

SCHWINGUNG DES TAGES

Heute bist du aufgefordert, dein Achtsamkeits-Manifest zu finden. Du bist aufgefordert, in einer bequemen Sitzposition oder sogar beim Gehen mehrere Pausen zu machen.
Erlaube deinem Verstand, sich weit zu öffnen.
Lass deine Gedanken frei fließen.
Immer wenn du einen Gedanken fasst oder eine Erfahrung machst, die dich von der Spur abbringt, benutze diese Affirmation: »Heute entscheide ich mich, achtsam zu sein.«
Du kannst auch spezifischer werden, zum Beispiel:

»Heute entscheide ich mich, achtsam gegenüber den
Segnungen in meinem Leben zu sein.«
»Heute entscheide ich mich, achtsam gegenüber dem
schönen blauen Himmel zu sein.«
»Heute entscheide ich mich, achtsam gegenüber meinen
angsterfüllten Gedanken zu sein und sie durch liebevolle
Gedanken zu ersetzen.«
Verstehst du, was ich meine? Und jetzt werde achtsam!

#Teile deine Schwingung
»Achtsamkeit ist die Entscheidung, seine Gedanken
und Gefühle wahrzunehmen.«

SCHWINGUNG 57 – Den Verstand massieren

Ich weiß nicht, wie es bei dir ist, aber ich liebe Massagen, vor allem, wenn ich viel trainiert habe, unterwegs war oder an meinem Schreibtisch gesessen habe (was alles regelmäßig vorkommt).

Es kann schmerzhaft sein, wenn die Knoten und Spannungen aus meinem Körper herausmassiert werden, aber es tut immer gut. Ich liebe dieses Gefühl, wenn Finger über meine Haut gleiten, als ob die göttliche Heilung des Universums durch jede Zelle meines Körpers pulsiert.

Ich liebe es auch, mich selbst mit Öl zu massieren, entweder in der Badewanne oder direkt nach dem Bad, um meine Muskeln nach intensivem Yogatraining zu entspannen.

Wenn ich Öl in meine Haut einmassiere, kann ich mir selbst die Liebe geben, die ich verdiene.

Auch der Verstand möchte massiert werden. Er sehnt sich genauso nach Entspannung wie der Körper und liebt es, die Zuwendung zu bekommen, die er verdient.

Der Verstand ist ein phänomenaler Raum. Ich stelle ihn mir gerne als Altar für das Göttliche vor, aber es ist auch der Ort, an dem wir

unseren nächsten Schritt tun, an dem wir an unsere Engel denken,
unsere Einkaufslisten schreiben und unsere Gefühle ausdrücken.
Dein Verstand ist wundersam. Schenke ihm heute eine Massage.

SCHWINGUNG DES TAGES

*Du massierst deinen Verstand jedes Mal, wenn du meditierst –
jedes Mal, wenn du dir ein bisschen Zeit nimmst,
um zu atmen, in dich zu gehen, achtsam zu werden und
deine innere Vision zu öffnen. Du kannst deinen Verstand
auch durch Visualisierung und Gebet massieren.
Heute bist du aufgefordert, deinen Schutzengel anzurufen,
damit er dir hilft, deinem Verstand die Massage zu geben,
die er verdient. Da du ein Gebet sprichst und dich dann
zum Schlafen hinlegst, ist es wahrscheinlich am besten,
wenn du es machst, bevor du zu Bett gehst.
Hier ist zunächst einmal das Gebet für deinen Verstand:*

*»Danke, Verstand, dass du dir heute Zeit genommen hast, um
zu entspannen. Mir ist klar, dass du manchmal überarbeitet
und gestresst bist. Ich fordere dich auf, dir ein bisschen Ruhe zu
gönnen und eine Massage zu empfangen, die hilft, dich zu
pflegen und alles aufzulösen, was dir nicht bekommt.«*

*Und hier ist ein Gebet an deinen Schutzengel:
»Danke, Schutzengel, dass du mit deinem hellen Licht
und deinen heilenden Händen gekommen bist, um
meinen Verstand zu massieren. Ich fordere dich auf,
diesen Raum in mir in ein Licht der Heilung,
der Fürsorge und der Liebe einzuhüllen.
Danke, dass du jede Angst und jede Blockade wegnimmst
und sie durch friedliche, liebevolle Energie ersetzt.
Ich bin jetzt bereit, mich hinzusetzen, mich zu entspannen
und meinem Verstand zu erlauben, sich von dir umsorgen
und massieren zu lassen. Und so ist!«*

Danach entspannst du dich, du kannst dich ausruhen
oder zu Bett gehen, da du weißt, dass dein Engel sich um alles
kümmert und dein Verstand unterstützt und geliebt wird.

#Teile deine Schwingung
»Ich erlaube meinem Verstand, sich von einem Engel des Lichts
massieren zu lassen!«

SCHWINGUNG 58 – Engelaugen

Ich habe einen besonderen, ganz einfachen Satz:

»Um Engel zu sehen, musst du ein Engel sein!«

Es ist nicht immer leicht. Aber ich glaube, wenn wir freundlich, großzügig und hilfsbereit sind, können wir Engel wahrnehmen und sie auf einer tieferen Ebene verstehen.

Engel wollen nur, dass wir glücklich sind. Sie wollen, dass die ganze Menschheit versteht, dass wir alle göttlich und gleich sind, unabhängig von Rasse, Glaube oder Hautfarbe.

Engel sehen uns alle als gleich an, aber sie sehen uns auch so, wie wir wirklich sind – sie sehen unsere Seele, unser Herz, die ewige Quelle der Liebe in uns. Wir sehen das nicht immer, vor allem nicht, wenn andere besonders anstrengend oder schwierig sind. Auch das Gute in anderen, vor allem in Fremden, sehen wir nicht immer, weil wir sie nicht kennen und nicht nach ihrem Licht schauen.

Engel dagegen sehen in allen das Gute. Sie sehen in allen Menschen die Seele. Sie sehen unsere liebevolle Essenz und fordern uns auf, sie anzunehmen.

Vom Moment deiner Geburt an hat dein Engel dein Licht gesehen und darauf gewartet, dass du es entdeckst. Wenn du dieses Licht in dir selbst und dann auch in anderen siehst, erweckst du eine heilige Vision, die auch für andere Raum schafft, um ihr eigenes wundersames Licht zu entdecken.

SCHWINGUNG DES TAGES

*Wenn du bereit bist, deine innere Vision zu erwecken,
musst du die Schwingung deiner Vision erhöhen.
Daher bist du heute aufgefordert, mit den Augen
der Engel zu sehen.
Wo immer du bist, wo immer du hingehst und was auch immer
du heute tust, erkenne, dass jeder, den du siehst,
ganz gleich, wer er ist und was er tut, eine Seele in sich hat
und dass diese Seele bereit ist, erleuchtet zu werden.
Wenn du dieses Licht sehen kannst, dann vibriert ihre Energie
auf einer höheren Ebene, und du selbst trittst in einen Raum,
der klug, mitfühlend und liebevoll ist.*

#Teile deine Schwingung
*»Ich bin bereit, das Licht in der gesamten Menschheit
zu sehen!«*

SCHWINGUNG 59 – Die Lampe der Erkenntnis

Es gibt ein wundervolles Zitat aus der Bibel (Matthäus 6, 22), auf das ich gestoßen bin, als ich über innere Visionen recherchiert habe:

*»Das Auge gibt dem Körper Licht. Wenn dein Auge gesund ist,
dann wird dein ganzer Körper hell sein.«*

Dein drittes Auge ist eine Lampe der Erkenntnis. Es ist der Raum in dir, der dir hilft, deinen Lichtkörper anzunehmen. Dein Lichtkörper ist dein wahres Ich, es ist dein Seelenkörper, und wenn du das Licht in dir wirklich erkennst, verstehst und akzeptierst, wird alles, was von dir getrennt war, dir zurückgegeben werden.

Ich habe durch mein Studium der spirituellen indischen Texte der Tantras, Veden und Upanischaden gelernt, dass das dritte Auge das heiligste der Chakras ist, weil es der Raum ist, wo alle Aspekte der spirituellen Anatomie zusammenkommen. Dort verbinden sich die männliche und weibliche Energie, um ein Gefühl des Einsseins und eine Verbindung zur Seele herzustellen. Daher können wir Seelenenergie, Schwingungsenergie und das Göttliche von diesem Raum aus wahrnehmen.

Im Grunde heißt das, wenn wir alle anderen Chakras reparieren (wie wir es in den vergangenen 50 Lektionen getan haben), lassen wir die Energie unseres Seelen-Ichs und das Göttliche durch unsere gesamte spirituelle DNA laufen.

Wie bereits erwähnt, fließt Energie vom Muladhara, dem Wurzelchakra, am unteren Ende der Wirbelsäule über den Sushumna-Kanal durch die übrigen Chakras, während männliche und weibliche Energie, Pingala und Ida, einander überkreuzen, wenn sie zu den sechs Hauptchakras aufsteigen und sich am Dritten-Auge-Zentrum vereinen:

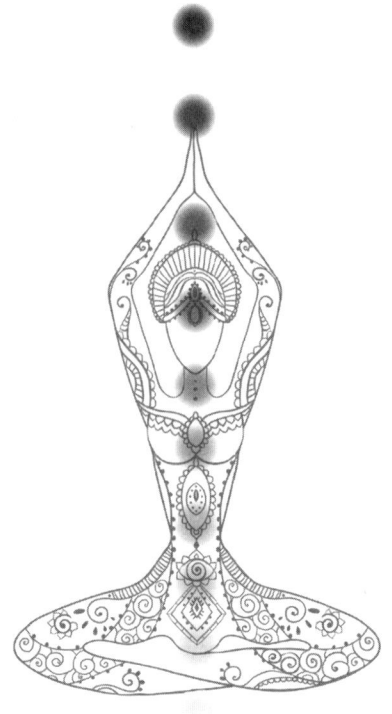

SCHWINGUNG DES TAGES

Es ist Zeit, deine Lampe der Erkenntnis einzuschalten.
Erkläre heute deine Absicht, dein Drittes-Auge-Zentrum
zu aktivieren, um deine Schwingungen zu spüren,
zu akzeptieren und auszudrücken.
»Danke, Universum, dass du meine spirituelle Anatomie
mit göttlicher Energie erfüllst, die sich in meinem
Dritten-Auge-Zentrum vereint. Es fühlt sich so gut an
zu wissen, dass ich in meiner spirituellen Praxis an
einem Punkt angelangt bin, an dem ich meine innere
Vision aufschließe.
Ich bin jetzt bereit, sie zu aktivieren und die Klarheit meiner
inneren Vision zu akzeptieren.
Danke, Universum, dass du in mein Leben Engel, Führer
und jede andere Hilfe schickst, um mich beim Annehmen
meiner inneren Vision zu unterstützen. Es fühlt sich so gut an,
diesem göttlichen und heiligen Aspekt zu vertrauen.
Ich bin jetzt bereit, klar zu sehen, und ich bin dankbar,
dass du mir dabei hilfst!«
Erkenne, dass du nach der tagelangen spirituellen Arbeit deine
Schwingung beträchtlich erhöht hast. Von jetzt an werden
deine innere Vision und deine Weisheit immer klarer, je mehr
Zeit du für diese Übungen aufwendest.

#Teile deine Schwingung
»Ich entscheide mich dafür, das Licht klar zu sehen!«

SCHWINGUNG 60 – Öffne dein drittes Auge!

Deine Chakras öffnen und schließen sich – sie interagieren mit der Energie, die sie umgibt. Es sind wundervolle Räume, die sich ganz natürlich mit dir und deinem Lebensfluss bewegen. Was das dritte Auge angeht, so kannst du entscheiden, wann du es öffnest oder schließt. Diese Freiheit gibt dir genügend Raum, um deinen Verstand zu entspannen und zu fokussieren, wenn du es brauchst.

Wenn das dritte Auge offen ist, geht alle spirituelle Energie in deiner Wirbelsäule nach oben und vereinigt sich dort. Du bekommst spirituelle Kraft und die Energie zu sehen. Wenn du dein drittes Auge öffnest, ist es so, als ob du eine Sonnenbrille aufsetzt, die dich hell sehen lässt.

Ich empfehle, dass du dir Zeit in deiner spirituellen Praxis und beim Öffnen des dritten Auges lässt, weil du dich so besser an die Energie dieses Chakras gewöhnen kannst. Viele Leute finden diese Übung befreiend und emotional, vor allem, wenn sie aufgefordert wurden, Stillschweigen über ihre Visionen und Träume zu bewahren. Es liegt ein Gefühl der Freiheit darin, weil du einen tieferen Aspekt von dir selbst entdeckst und etwas erkennst, was vielleicht lange vergessen war. Die Emotionen kommen, weil du alte Ängste und Traumata loslässt, die in diesen Raum gedrängt worden sind.

Als ich mein drittes Auge zu üben begann und ihm die erforderliche Erlaubnis gab, sich zu öffnen und sich voll auszudrücken, hatte ich transzendentale und emotionale Erfahrungen. Während meiner Meditationen hatte ich Visionen von Engeln, Heiligen und Aufgestiegenen Meistern. Und ich sah auch, wie Angst und Trauma meinen Körper verließen.

In einer Erinnerung sah ich alle meine ehemaligen Lehrer mit dem Finger auf mich zeigen. Wenn ich im Unterricht träumte, schrien meine Lehrer mich an und mahnten mich zur »Konzentration«. Dabei zeigten sie direkt auf den Raum zwischen meinen Augenbrauen, und es fühlte sich so an, als ob sie mich körperlich verletzten. Bis heute sage ich allen Leuten, sie sollen nicht auf mich zeigen. Ich glaube, die Energie von Wut kann gefühlt und gehalten werden, vor allem von den intuitiven Chakras. Endlich war ich in der Lage, die Energie meiner Schulerfahrungen durch tiefe Meditation loszulassen.

Es gibt vielleicht alte Erinnerungen oder Ängste, die in deinem Drittes-Auge-Chakra verborgen sind. Das ist ein weiterer Grund, es zu öffnen. Die Erinnerungen, die darin enthalten sind, könnten zwischen dir und deiner Fähigkeit stehen, mit himmlischer Liebe zu sehen und zu interagieren.

SCHWINGUNG DES TAGES

Heute entscheidest du, dir Zeit zu nehmen, um an der Öffnung und Klärung deines dritten Auges zu arbeiten. Dieser Prozess mag einfach klingen, aber er kann extrem effektiv sein, vor allem, wenn du alle Techniken vorher befolgt hast.
❄ Wenn du bereit bist, lass dich in einem bequemen Raum nieder, in dem du ungehindert Emotionen loslassen kannst.

Sage die Absicht:
»Danke, universelle Lebenskraft, weil du mich mit einem geschützten Raum umgibst. Ich bin bereit, mein Drittes-Auge-Zentrum zu erwecken und zu aktivieren. Danke, Engel des Lichts, dass ihr alle Blockaden, Traumata und Ängste, die zwischen mir und meiner inneren Vision stehen, entfernt. Ich bin bereit, auf einer seelischen und spirituellen Ebene zu sehen. Ich bin bereit, himmlische Liebe wahrzunehmen.«

❄ Schließe deine Augen und gehe in eine ruhige Meditation.
❄ Stelle dir vor/visualisiere, dass sich zwischen deinen Brauen dein drittes Auge öffnet. Du siehst vielleicht ein physisches Auge, das sich öffnet, oder sogar eine Tür.
(Alles ist richtig, was für dich funktioniert.)
❄ Fühle, dass deine Energie aufsteigt und du Engelschöre und himmlische Liebe anziehst.
❄ Bleibe so lange, wie du willst, in diesem Raum.
Nimm alles wahr, was gelöst wird. Das Universum übernimmt das für dich. Entspanne und erlaube deiner Hellsicht, sich neu zu fokussieren.

#Teile deine Schwingung
»Ich vertraue meiner inneren Vision.«

159

WISSEN

Chakra: Sahasrara (Krone)
Sitz: Der Scheitel
Farbe: Violett/weiß
Element: Kosmos

Sahasrara ist ein Sanskrit-Wort, das »tausendfältig« bedeutet. Das bezieht sich darauf, dass man sich das Kronenchakra als Lotos mit tausend Blütenblättern vorstellt. Das Kronenchakra steuert unsere spirituelle Verbindung und erlaubt uns, unsere Interaktion mit dem Göttlichen zu kanalisieren. In der Natur wäre es die Schöpfung selbst – die Energie, welche die Erde, den Regen, die Sonne und die Luft erschafft. Es würde alles sein, was ist.

Das Kronenzentrum erlaubt uns, unsere göttliche Verbindung und unser Gefühl der Verbundenheit mit der Welt zu benutzen. Je mehr Zeit wir in tiefer Meditation und spirituellem Studium verbringen, desto mehr öffnet es sich. Dieses Zentrum steuert auch unser Gehirn, unsere Erinnerung, unsere wissenschaftlichen Fähigkeiten, unsere emotionale Intelligenz und unsere Wahrnehmung der spirituellen Reiche.

Wenn wir am Kronenchakra arbeiten und unseren 1000 Lotosblüten erlauben, sich zu öffnen, können wir alle Probleme lösen, die wir mit dem Göttlichen und unserer spirituellen Verbindung haben.

SCHWINGUNG 61 – Keine Trennung

Du kommst auf deinem spirituellen Weg wirklich voran. Wenn es einen sechsten Gang gäbe, hättest du gerade geschaltet und wärst mehr denn je zuvor im Einklang mit dir selbst.

Mit dem Zunehmen deiner täglichen spirituellen Praxis und deiner spirituellen Wahrnehmung ist es manchmal leicht, die Grundlagen deines Wegs zu vergessen. Du bist ein helles Licht in der Welt, und das Universum ist dankbar für dich. Du leuchtest und bist die positive Kraft im Raum, wo immer du bist, aber du musst auch daran denken, dass du all das nicht ohne Unterstützung tust.

Du hast Angst gehabt und bist Verlust und Trennung von geliebten Menschen begegnet. Das ist kein leichter Aspekt deines Wegs, und du hast den Schmerz gefühlt. Aber obwohl du diese Gefühle hattest und Verletzung gespürt hast, ist die Trennung in Wahrheit nur eine zeitweilige Illusion.

Das Gefühl, getrennt und verloren zu sein, ist deshalb eine Illusion, weil es nicht Liebe ist. Nur Liebe ist real. Diejenigen, die du verloren hast, sowohl auf der Erde als auch durch Trennung, werden immer bei dir sein.

Wenn du dir jetzt ein wundervolles Universum mit hell strahlenden Sternen vorstellen könntest, wären sie alle mit dir verbunden, weil sie alle auch im Universum sind – sie waren individuelle Facetten eines großen, schönen Bildes. Und genau das bist du auch – eine Facette von wundervollem Licht –, und deine Anwesenheit hier trägt zur Schönheit dieses Universums bei.

Wenn du dich verloren oder getrennt gefühlt hast, dann wisse, dass dies alte Energie ist, die aufsteigt und herauskommt, damit du sie durch Gedanken, Gefühle, schöne Erinnerungen und Affirmationen ersetzen kannst, die deine Wahrheit widerspiegeln.

SCHWINGUNG DES TAGES
»Ich bin eine göttliche Facette des Universums.
Es fühlt sich so gut an zu wissen, dass ich nie von Liebe
getrennt bin. Die Liebe in meinem Herzen verbindet mich
mit allen, die ich liebe. Ich erwecke die Erinnerung
in meinem Verstand, die mir erlaubt, mich mit allem,
was ist, verbunden zu fühlen. Danke, Universum, dass du mir
dabei hilfst, mir klarzumachen, dass es keine Zeit, keine
Distanz und keinen Raum zwischen mir und der Liebe gibt.
Ich bin Liebe.«

#Teile deine Schwingung
»Ich bin Teil des größeren Bildes.
Ich bin das Universum.«

SCHWINGUNG 62 – Die Lebenskraft fühlen

Lebenskraft läuft durch unsere Adern und jedes Organ in unserem Körper. Sie fließt durch Tiere und Pflanzen auf unserem Planeten, durch alles, was ist. Sie ist mächtig, magisch und real. Sie ist deine Verbindung zur Liebe, zur Weisheit, zu den Engeln, zur Heilung und zum Universum.

Die Lebenskraft gehört dir, das musst du wissen. Sie fließt jetzt durch dich hindurch. Es ist natürlich, sie zu fühlen. Manchmal brauchst du dazu ein bisschen Vorstellungskraft, aber sie ist da, und du kannst in ihren Rhythmus eintauchen.

Wenn du den Film *Avatar* gesehen hast (und wenn nicht, musst du das unbedingt nachholen), wirst du dich erinnern, dass es eine Lebenskraft gibt, die durch alle Avatare, ihre Pflanzen, Tiere und ihr Land läuft. All diese Energie ist mit der Seinskraft verbunden, die sie Eywa nennen. Das ist in etwa zu vergleichen mit dem, was Hellsichtige sehen, und mit dem Level an Verbundenheit, den wir erreichen können, wenn wir in unsere Meditationsübung hineingehen.

Es gibt nur wenige Dinge, die mir wirklich geholfen haben, meine Lebenskraft wahrzunehmen. Eines davon ist bewusstes Atmen. Im Yoga repräsentiert der Atem *prana*, die Lebenskraft. Ich beschloss, mir meines Atems bewusst zu werden, vor allem beim Meditieren, in der Engelarbeit und auf der Yogamatte. Jetzt nehme ich wahr, wie ich das *prana* oder die Lebenskraft um mich herum aufnehme, wenn ich atme.

Ich stelle mir auch vor, dass diese Lebenskraft durch alle Menschen fließt, denen ich begegne. Und ich stelle mir Fragen, während ich meine Katze betrachte. Ich sage Dinge wie: »Wenn die Lebenskraft von Ralph sich dem physischen Auge jetzt zeigen würde, wie würde sie aussehen?« Dann stelle ich mir das im Geiste vor und lasse diese Wahrnehmung sich entwickeln.

Wenn sie richtig angewendet wird, kann diese Vorstellung die Tür zur Entwicklung spiritueller Wahrnehmung sein.

SCHWINGUNG DES TAGES
Stelle fest, dass jeder und alles, was du heute siehst,
Lebenskraft in sich hat. Wenn es dir schwerfällt, sie zu
visualisieren oder zu sehen, mache dir keine Gedanken.
Du kannst sie fühlen.
Für jede lebende Person, jedes lebende Tier oder jede Pflanze,
die du heute siehst, sage dir: »Durch diese Person
(Tier/Pflanze) läuft Lebenskraft und ich bin bereit,
sie zu sehen und zu fühlen!«

*Je mehr du das affirmierst, desto besser bist du
in der Lage, dich mit diesem natürlichen Phänomen,
das dich umgibt, zu verbinden.*

#Teile deine Schwingung
»Durch alle lebenden Dinge läuft eine Lebenskraft.«

SCHWINGUNG 63 – Seelenveränderung

Deine Seele ist der reinste Aspekt von dir. Es ist dein Lichtkörper, dein Verstand, dein höheres Selbst und sogar dein »wahres Selbst«. Die Seele verfügt über ein größeres Wahrnehmungsvermögen als der Körper – sie enthält Erinnerungen und Informationen, zu denen du Zugang hast.

Wenn du beginnst, Veränderungen auf Seelenebene vorzunehmen, bedeutet das nicht, dass du die äußere Welt nicht mehr wahrnehmen kannst. Und es bedeutet auch nicht, dass du ständig in einer weichen Wolke umherschwebst. Im Gegenteil, je mehr du dir deiner Seele bewusst wirst und sie erkennst, desto größer wird dein Gefühl der Integration, Verbindung und Entwicklung sein.

In dieser Zeit wirst du ein wahres Gefühl der Integration erleben. Du erkennst, dass es nur Liebe gibt – etwas, was du lange Zeit schon gefühlt hast. Zugleich bist du auf deiner menschlichen Reise, arbeitest daran, dein Bestes zu geben und die bestmögliche Person zu sein mit dem Wissen und der Information, die du hast.

Du fühlst dich deshalb zu Heilung, Engeln und Erhöhung deiner Schwingung hingezogen, weil deine Seele Gelegenheit gehabt hat, sich selbst auszudrücken. Wenn du auf Menschen stößt, die ähnlich denken oder glauben, werden sich eure Seelen erkennen.

Du bist an einem Punkt auf deinem Weg angelangt, an dem du große Heilung erlebt hast. Ein tiefer Prozess des Wachstums hat in dir stattgefunden und das Universum feiert mit dir.

SCHWINGUNG DES TAGES

*Heute bist du aufgefordert, dein Wachstum und
deine neue Wahrnehmung zu erkennen.
Setze dich in Ruhe hin und erkenne, dass du positiver
und bewusster bist als jemals zuvor und es von hier an
immer besser wird.*

Hier sind ein paar Vorschläge, die dir helfen können:
☀ *Teile deine Dankbarkeit für deine innere Kraft
über ein Gebet mit.*
☀ *Schreibe in einem Tagebuch über die Veränderungen,
die du gemacht hast.*
☀ *Tanze zu deinem Lieblingssong, um deine Verwandlung
zu feiern. Tue etwas, das dir das Gefühl gibt,
lebendig zu sein!*
☀ *Danke deinem Schöpfer und den Engeln, dass sie dich
dort hingebracht haben, wo du heute bist!*

#Teile deine Schwingung
*»Ich bin so dankbar für die Veränderungen, die ich in mir
selbst und in meinem Leben erfahren habe.«*

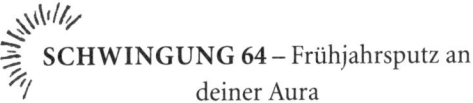

SCHWINGUNG 64 – Frühjahrsputz an
deiner Aura

Deine Aura ist das Energiefeld, das von deinem spirituellen Körper
ausstrahlt. Es ist abhängig davon, wie es dir geht, wie ausgeglichen die
Chakras sind und die Umgebung, der du ausgesetzt bist.

Deine Aura verändert und entwickelt sich stetig. Du hast bestimmt
schon einmal von jemandem gehört, dem ein intuitives Medium die
Aura-Farbe gesagt hat, aber in der Zwischenzeit kann sie sich schon
wieder verändert haben.

So etwas wie eine schlechte Aura gibt es nicht. Das ist ein Mythos.

167

Du kannst keine schlechte Aura haben, aber es gibt natürlich Leute, deren Energie nicht mit deiner übereinstimmt. Wie schon erwähnt, erkennen sich die Seelen. Wenn du jemanden triffst, den du liebst oder mit dem dich ähnliche Interessen verbinden, hast du das Gefühl, den anderen schon ewig zu kennen. Wenn du das Gegenteil empfindest, sagt deine Intuition im Grunde, dass diese Person nichts für dich ist, weil sie nicht zu deinem Stamm gehört.

Obwohl du keine schlechte Aura haben kannst, gibt es durchaus Zeiten, in denen deine Energie »trüb« ist. Das geschieht, wenn du einer Energie ausgesetzt bist, die nicht mit dir im Einklang ist, und wenn du zum Beispiel irgendwo hinkommst, in eine erhitzte oder stressige Situation gerätst oder jemandem begegnest, der ein aggressives Verhalten an den Tag legt. Es ist an der Zeit, Frühjahrsputz-Techniken für deine Aura zu lernen.

SCHWINGUNG DES TAGES

Diese Technik kann sehr praktisch sein. Mache sie jetzt
und jederzeit, wenn du das Gefühl hast, deine Aura
könnte eine kleine Überholung brauchen. Sie geht schnell,
ist effektiv und erfrischend.

Du kannst bei dieser Übung stehen oder sitzen.
※ *Halte deine Hände mit den Handflächen nach oben hoch.*
※ *Schließe die Augen und stelle dir vor, du sammelst das reine*
Licht des Universums in deinen Händen.
※ *Öffne die Augen. Dann lass deine Hände über deine*
Chakras gleiten. Stelle dir vor, du hättest eine magische
Lichtbürste in der Hand. Während du mit den Fingern über
deine Aura gleitest, wird jedes Hindernis, jede Blockade und
jede negative Schwingung gelöst.
※ *Du kannst dann etwas sagen wie »Mein Energiefeld ist*
positiv klar und voller Licht!«.
※ *Dann stoße einen erleichterten Seufzer aus!*

#Teile deine Schwingung
»Ich kläre meine Energie von jedem energetischen Müll,
und es fühlt sich so gut an!«

SCHWINGUNG 65 – Öffne deine Krone

Das Kronenchakra ist das Chakra mit der reinsten Energie. Diese Öffnung direkt über dem Kopf wird als Lotosblume beschrieben und ist verbunden mit unserer göttlichen Verbindung und unser tiefstes Wissen. Es ist der Raum, aus dem wir Unterstützung, Liebe und Führung vom Universum ziehen. Dieses spektakuläre Energiezentrum, das in der Farbe zwischen Violett und reinem Kristall liegt, ist am wenigsten in Gefahr, vergiftet zu werden oder unausgewogen zu sein. Aber möglich ist es doch.

Das Kronenchakra ist im Allgemeinen immer in gewissem Maße offen, wenn auch vielleicht nur ein bisschen. Aber wenn wir uns von der Spiritualität abgewandt oder beschlossen haben, dass nach unserem menschlichen Leben nichts mehr kommt, dann ist dieser Raum für gewöhnlich geschlossen.

Obwohl es vielleicht nicht absichtlich geschieht, kann diese »einsame« oder »hilflose« Haltung wirklich eine Art Trennung vom Universum hervorrufen. Wir alle haben es an einem gewissen Punkt schon einmal gefühlt – und manchmal brauchen wir das auch, um unsere Stärke und die Macht, Dinge zu ändern, wieder neu zu finden.

Mit Selbstermächtigung, Hoffnung, Glaube und Vertrauen öffnet sich der Lotos unserer Krone wieder, und dann kommt das Wunder des Lebens wieder zurück. Du kannst entscheiden, ob du den Raum öffnen willst, um dich mit der Macht, die wir den Schöpfer nennen, verbunden, geliebt und gestützt zu fühlen.

SCHWINGUNG DES TAGES

*Benutze diese Absicht, um dein Kronenchakra zu
öffnen, und erlaube der Unterstützung des Universums,
frei in deine Welt zu fließen:*
*»In mir ist eine Energie, repräsentiert von 1000 Blütenblättern.
Ich erlaube dieser Energie zu blühen. Ich gebe meiner
Verbindung die Erlaubnis zu gedeihen. Während ich mich
öffne, um die Liebe und Unterstützung der Schöpfung zu
empfangen, die ich verdiene, werde ich ein Licht der
Inspiration, Kreativität und Produktivität. Ich bin bereit, mich
verbunden zu fühlen. Ich bin bereit, meine Quelle zu kennen.
Und ich bin bereit, dieser Quelle zu erlauben, dass sie leicht
und frei durch mich hindurchfließt. Meine Chakras sind in
Einklang und aufgeladen, meine Verbindung ist offen und
stark. Es fühlt sich so gut an zu wissen, dass die Präsenz des
Lichts jetzt und für immer in mir ist. Heute entscheide ich mich
dafür, dieses Licht zu sehen. Heute entscheide ich mich dafür,
dieses Licht leuchten zu lassen. Und so ist es!«*
*Danach setzt du dich vielleicht für eine Weile hin und
empfängst nach dieser Absicht. Wenn du jedoch unterwegs
bist und keine Zeit hast, dann lass den Download
einfach geschehen.*

#Teile deine Schwingung
*»Wir haben die Wahl, ob wir Hilfe akzeptieren oder nicht.
Heute heiße ich alle Hilfe willkommen, die ich brauche!«*

SCHWINGUNG 66 – Mit Gott versöhnen

Du hattest vielleicht auf deinem spirituellen Weg ein paar herausfordernde Momente mit dem Wort »Gott« oder eher mit der Vorstellung dieser Präsenz.

Es gibt zahlreiche Religionen, Glaubensrichtungen, Vorstellungen und Lehren in dieser Welt. Viele beziehen sich aufeinander, während andere einander völlig widersprechen. Ich habe das Wort »Gott« bis jetzt in diesem Buch absichtlich vermieden, weil es viele Leute abschreckt. Sie assoziieren es mit Angst, Trauma und Qualen.

Wenn dir das Wort »Gott« nichts ausmacht und du keine Probleme mit Gott hast, dann kannst du diese Lektion locker nachvollziehen. Wenn nicht, freue ich mich sehr, dass du da bist.

Um deine Schwingung zu erhöhen und dich auf deinem spirituellen Weg heller leuchten zu lassen, solltest du alle negativen Vorstellungen, die du vom Göttlichen hast, überwinden. Du bist aufgefordert, zur Kenntnis zu nehmen, dass keine der Qualen oder Traumata, die du mit Gott oder der Vorstellung der Leute von »Gott« verbindest, real ist. Gott ist nur ein Wort. Die Quelle oder das Universum (was nur ein anderes Wort für Gott ist) ist keine Religion, kein Dogma und kein Regelwerk, um dir zu sagen, wer, was oder wie du zu sein hast.

Das Universum ist eine Präsenz der Liebe, die nichts von dir will. Du darfst dein Leben so leben, wie du willst. Es hat keine Erwartungen an dich, und du wirst auch nicht bestraft, wenn du nicht in die Kirche gehst oder du dieses Wochenende nicht zum Meditieren kommst – es passiert absolut nichts.

Alles, was du gelesen hast, was man dir erzählt oder womit man dir gedroht hat, ist nur die Meinung von irgendjemandem. Wenn man dir gesagt hat, du solltest Angst haben, dann war das nur der Versuch von irgendjemandem, dich zu kontrollieren oder dich auf eine bestimmte Denkweise einzuschwören. Es ist nicht real. Nur Liebe ist real.

SCHWINGUNG DES TAGES

»Heute entscheide ich mich, alle Angst bezüglich des Göttlichen hinter mir zu lassen. Ich lasse alle falschen Behauptungen, Machtspiele, Traumata und Warnungen liebevoll los. Ich bin bereit, über die Grenzen von Dogma und Religion anderer hinauszusehen. Mir ist klar, dass die Quelle unserer Schöpfung eine Präsenz der Liebe ist. Diese Präsenz wird mich nie verletzen und sie hat mich auch in diesem Leben nie bestraft. Bei jeder Erfahrung, auf die ich treffe, habe ich eine Wahl. Heute entscheide ich mich für Liebe und dafür, die Liebe des Göttlichen zu akzeptieren. Ich erlaube jetzt der Liebe, die Kraft zu sein, die mich führt, wenn ich all das hinter mir lasse, was mir nicht dienlich ist, weder zu meinem spirituellen Wachstum noch zu meinem Lebenszweck, der nur ist, glücklich zu sein. Ich bin frei! Und so ist es!«

#Teile deine Schwingung
»Die Quelle der Schöpfung ist bedingungslose Liebe!«

 **SCHWINGUNG 67** – Weisheit ist in dir

Wissen ist etwas, was du lernst. Weisheit kommt von innen, weil sich dort die göttliche Energie, deine Seele, befindet, und deine Seele erlaubt dir, Weisheit, Führung und Unterstützung auf deinem spirituellen Weg zu erhalten.

Du hast zahllose Gelegenheiten, um dich dem Himmel zu öffnen und diese Unterstützung zu erhalten. Es mag nicht immer so einfach sein, wie es klingt, aber Hingabe und Verpflichtung deinem Weg gegenüber erlauben dir, die heilige Unterstützung deines Schöpfers zu empfangen.

Das Universum hat dich hierher gebracht, damit du ein erfülltes, aufregendes und glückliches Leben führst. Du bist nicht auf die Welt gekommen, um in irgendeiner Hinsicht arm zu sein. Du hast die wundervolle Gelegenheit bekommen, auf der Erde zu sein, um zu lernen, zu wachsen und dich daran zu erinnern, dass Liebe der einzige Aspekt von dir ist, der ewig lebt.

Du hast hoffentlich an diesem Punkt bereits einen Zustand von positivem Sein und Glück erreicht. Du musst bedenken, dass du einen Prozess durchläufst, und ein Prozess kostet immer Zeit. Du erhöhst deine Energie, indem du dich auf Wachstum, positive Gedanken, Heilung und Liebe konzentrierst. Dabei werden alle Aspekte deines Lebens, die nicht im Einklang mit dieser Energie sind (Menschen, Orte und Situationen) einen Weg aus deinem Leben herausfinden, und das kann anstrengend sein.

Es ist wichtig zu wissen, dass du die ganze Zeit über Unterstützung in dir und um dich hast, die du jederzeit in Anspruch nehmen kannst, um geführt zu werden.

SCHWINGUNG DES TAGES
Wende dich heute den ganzen Tag über immer wieder
an das Universum. Sage:

»Ich danke dir, Universum, dass du mir enthüllst,
was ich wissen muss.«

☀ *Setze dich oder stelle dich hin, um einen Moment lang*
göttliche Führung zu erhalten.
☀ *Dann kehre wieder zu deinem Alltag zurück.*
☀ *Mache dies mehrmals.*

Die Führung kommt zwar vielleicht nicht in der Form,
die du dir vorgestellt hast, aber achte darauf, dass du offen bist
für die Weisheit deiner Seelenstimme.

#Teile deine Schwingung
»Ich bin offen für Führung durch göttliche Weisheit!«

SCHWINGUNG 68 – Die Intuition sagt »Nein«!

Deine Intuition gibt dir ständig Hinweise. Das weißt du, denn du sagst Sätze wie: »Ich hätte besser auf mich hören sollen!«

Wir alle ignorieren unsere Intuition von Zeit zu Zeit. Ich habe es jahrelang vermieden, ihr zuzuhören, aber in der letzten Zeit hatte ich einen großen Durchbruch durch Körperarbeit und Heilung. Nachdem ich etwa 36 kg unnötiges Körpergewicht verloren hatte, wurde meine Intuition klarer, und ich schuf eine wundervolle Verbindung zu dem, was mein Körper mochte und brauchte.

Eines Tages war ich mit meinem Verleger in London auf einer Autorenparty. Dort gab es Essen und Trinken im Überfluss – alles, was man wollte. Kellner boten Häppchen an, und ich merkte, wie meine gierige Seite zum Vorschein kam, obwohl ich gerade erst ein wundervolles veganes Risotto zum Abendessen gegessen hatte und nicht hungrig war.

Auf jeden Fall kam ein Kellner mit einer Platte voller Essen auf mich zu, und meine gierige Seite wollte unbedingt etwas probieren, Ich hörte, wie eine Stimme in meinem Inneren schrie: »Tue es nicht! Tue es nicht! Du benutzt das nur als Vorwand, um dich selbst zu sabotieren! Tue es nicht!« Und zur gleichen Zeit sagte die Stimme der Gier. »Ist das nicht Tempura? Oh, und was für eine Sauce dazu?«

Eine Schlacht entbrannte in meinem Kopf, und so seltsam es klingt, aber ich stand wie ein Zeuge außerhalb. Ich wusste, dass ich das Essen nicht brauchte. Und ich wusste, dass die Stimme der Gier nur versuchte, die Oberhand zu gewinnen. Also rief ich: »Die Intuition sagt: ›Nein‹!«

Der Kellner verstand mich. Die Gier schwieg, und ich ging weg und fühlte mich stark. Alle meine Freunde lobten mich dafür.

SCHWINGUNG DES TAGES
Zu was sagt deine Intuition »Nein«?
Heute bist du aufgefordert, die Affirmation zu verwenden: »Die Intuition sagt ›Nein‹!«

Sage diesen Satz jedes Mal, wenn du gerne »Nein« sagen möchtest, aber spürst, wie sich in deinem Kopf ein Kampf abspielt. Du wirst dich frei fühlen!

#Teile deine Schwingung
»Ich höre auf meine Intuition!«

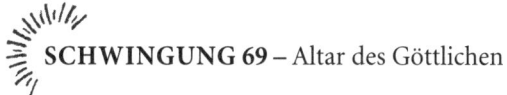

SCHWINGUNG 69 – Altar des Göttlichen

Einen physischen Raum zu haben, in dem ich das Göttliche ehre, ist ein wesentlicher Bestandteil meines Lebens geworden. Spirituelle Statuen und Kristalle zu haben macht dich zwar nicht spiritueller, als du bereits bist. Aber es hält deine Schwingung hoch, wenn du bei dir zu Hause oder im Büro einen Ort hast, der bedingungslose Liebe verkörpert.

Als Heranwachsender hatte ich Interesse an unterschiedlichen Religionen und ich habe mir ziemlich bald einen Altar geschaffen. Heidnische Kunstwerke, Kristalle, Ganesh (der indische Elefantengott) und andere spirituelle Teile standen darauf. Meine Engelkarten lagen dort und ein kleiner Stapel Bücher, die ich liebte.

Mittlerweile gibt es überall in meinem Leben spirituelle Altäre. In meinem Wohnraum zu Hause steht ein Altar mit Hindu-Statuen und einem gerahmten Foto von seiner Heiligkeit, dem Dalai-Lama. Mein Schlafzimmer ist buchstäblich eine spirituelle Grotte – ich habe ein Tuch über den Fernseher an der Wand gehängt (weil ich ihn nie benutze), und auf einem Altar steht eine riesige Ganesh-Statue. Neben meinem Bett liegen Kristalle und außerdem ein Star-Wars-Wookiee, um das Gleichgewicht zu erhalten! Ich bewahre nur spirituelle Bücher in meinem Schlafzimmer auf, weil auch Bücher eine Schwingung haben – spirituelle Bücher haben eindeutig eine höhere Schwingung als Horrorgeschichten!

Altäre brauchen nicht schick zu sein. Es können einfach nur Bereiche sein mit Fotos von Angehörigen, Blumen, Kristallen oder was sonst noch in deinen Augen Liebe, positive Gedanken und Verbindung zum Göttlichen repräsentiert. Ich glaube, unser Altar ist eine Verkörperung unseres Geistes, und was wir darauflegen, bieten wir im Verstand dem Göttlichen an. Ein gutes Beispiel ist für mich Ganesh, die Hindu-Gottheit, die Hindernisse entfernt. Wenn er auf meinem Altar sitzt, gibt es für meinen Verstand keine Hindernisse.

Wenn ich auf Reisen bin, nehme ich ein paar spirituelle Gegenstände mit und baue sie auf einem Beistelltisch im Hotelzimmer oder auf dem Tisch auf der Bühne auf, wenn ich einen Vortrag halte. Es ist ein schönes Ritual.

SCHWINGUNG DES TAGES

☀ *Schaffe irgendwo einen Raum, um das Göttliche zu ehren.*
Wenn du bereits einen Raum hast, verschönere ihn
noch ein bisschen.
☀ *Sammle Fotos, Blumen, Kerzen, Bilder, Kristalle oder was*
dir noch hilft, um das Göttliche zu ehren. Denke
an Statuen und alles andere, was mit Liebe zu tun hat.
☀ *Räume einen Platz frei und schaffe dir deinen*
Altar für das Göttliche.
☀ *Immer wenn du das Gefühl hast, dass deine Schwingung*
niedrig ist, gehe zu diesem Ort. Gehe auch dorthin,
um dich zu bedanken, deinen Fortschritt zu markieren,
deine Gebete zu sprechen oder wenn du ein bisschen Liebe
brauchst. Dieser Ort repräsentiert deine innere Kraft.

#Teile deine Schwingung
»Ich errichte den Altar meines Herzens und weiß,
dass das Göttliche dort bei mir ist!«

⚜ SCHWINGUNG 70 – Synchronizität

Alles geschieht aus einem Grund. Das hast du schon eine Million Mal gehört, oder? Aber wenn etwas schiefgeht, ist dieser Satz schwer zu verstehen. Viele Leute glauben, dass Gott oder das Universum eine Art von Energie ist, die Menschen und sogar die Welt bestraft. Leute reden davon, dass sie wütend auf Gott sind, weil »er« ihnen jemanden oder etwas genommen hat.

Synchronizität hat nichts mit der Redensart »Alles geschieht aus einem Grund« zu tun. Es geht auch nicht darum herauszufinden, welcher Grund es ist. Es geht vielmehr darum, dass das Universum uns Zeichen schickt, wenn wir begonnen haben, uns nach der göttlichen Wahrheit auszurichten. Das Universum sieht, ob wir gestresst oder nicht verbunden sind, und schickt ein Signal aus, um zu sagen, dass es uns zu Hilfe kommt. Die Energie der Hoffnung kommt und erfüllt uns. Es ist eine Erinnerung daran, dass Licht nicht am Ende des Tunnels ist, sondern es ist das Licht in uns, das unseren Weg erleuchtet. Wenn wir uns an unsere wahre Essenz erinnern, ist der Tunnel ebenfalls nur eine Illusion!

SCHWINGUNG DES TAGES

Heute bist du aufgefordert, dich daran zu erinnern, dass das Universum dich unterstützt. Denke daran, dass es nicht darauf aus ist, dich zu bestrafen oder zu maßregeln. Das Universum liebt dich bedingungslos. Die natürlichen Gesetze von Ursache und Wirkung ergänzen sich von selbst.
Heute musst du darauf vertrauen, dass in dir ein Licht ist, das dir hilft, über jede Herausforderung oder jeden Tunnel, in dem du dich befindest, hinauszuwachsen. Dann sage:
»Ich vertraue dem Leben, das mit göttlichem Zeitplan fließt.«

#Teile deine Schwingung
»Synchronizität ist ein Signal für dich,
dass das Universum deinen Ruf gehört hat.«

LEUCHTEN

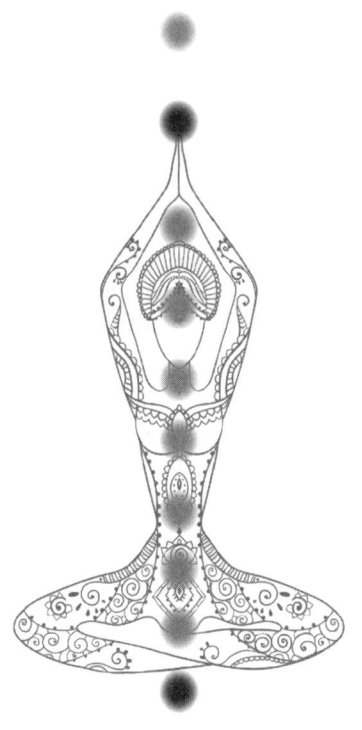

Chakras: Erdstern und Seelenstern
Sitz: Erdstern: 15–30 Zentimeter unter den Füßen;
Seelenstern: 15–30 Zentimeter über dem Kopf
Farben: Kupfer (Erdenstern) und Magenta (Seelenstern)
Elemente: Kosmos

Das Erdstern-Chakra und das Seelenstern-Chakra helfen uns dabei, unsere spirituelle Verbindung auf den nächsten Level zu bringen. Der Erdstern ist der spirituelle Anker, der uns tief in der Weisheit von Mutter Erde hält. Der Seelenstern ist das spirituelle Energiezentrum, durch das wir unsere Verbindung zur Weisheit des Kosmos vertiefen können. Wenn diese Zentren zur gleichen Zeit geöffnet und verbunden werden, dann werden wir vom Himmel und der Erde in perfektem Gleichgewicht und perfektem Vertrauen gehalten.

Mutter Erde war lange vor uns hier – sie ist Millionen von Jahre alt und sie wird immer noch hier sein, wenn unser physischer Körper uns verlassen hat. Wenn wir uns die Zeit nehmen, die Göttliche Mutter zu grüßen und uns mit ihr durch den Erdstern verbinden, können wir Informationen und Führung von ihr bekommen, die uns stärker mit dem Planeten verbinden und unserem Leben eine Richtung geben.

Das Universum ist das Herz der Wahrheit, und in dieser Energie liegt uralte Weisheit und Liebe, die über unser Verstehen hinausgeht. Wenn wir Zugang zum Seelenstern haben, der als wunderschöner, dreidimensionaler Lichtstern gesehen wird, dann können wir unser spirituelles Wissen auf den nächsten Level heben.

Die Lektionen und Techniken, die jetzt folgen, geben dir spirituelle Werkzeuge an die Hand, die in deinem Energiesystem Platz schaffen für mehr Energie und Information. Mache dich bereit, das Karma zu lösen, dich mit dem Kosmos zu verbinden und dabei mit beiden Beinen auf der Erde zu stehen.

SCHWINGUNG 71 – Die Schnur durchschneiden

Erzengel Michael ist der berühmteste der Engel. Er hat es sogar nach Hollywood geschafft – kein Witz! Er gilt als der Heilige des Schutzes und er ist der Engel, der die Angst aus der Welt nimmt. Die meisten Bilder zeigen Michael mit einem Schwert aus Feuer und Licht, ein kraftvolles Symbol für seine Fähigkeit, Angst zu zerschneiden und uns davon zu befreien.

Der Name Michael bedeutet »Der wie Gott ist«, und er wird von hellblauem Licht verkörpert. Jeder kann ihn und jeden der Erzengel anrufen, weil sie, wie wir, letztendlich Energie sind. Sie können an vielen Orten gleichzeitig sein, weil sie keine physische Gestalt haben. Das bedeutet, Michael ist multidimensional.

Wenn es zu herausfordernden und emotional anstrengenden Situationen kommt, kann Michael uns helfen, weil diese Situationen in der spirituellen Vorstellung wie Schnüre an uns hängen. Viele Hellseher können tatsächlich sehen, wie unsere Aura über Schnüre mit einer Person, einem Ort, einer Situation oder Energie verbunden ist. Wenn du jemals einen Expartner oder alten Freund hattest, der dich auszusaugen schien, dann hindert dich wahrscheinlich ein emotionales Band zwischen euch daran, weiterzugehen. Diese Schnüre können dich auch mit Orten wie Kirche, Arbeit und allem Möglichen anderen, was du als anstrengend empfindest, verbinden. Sie entstehen auch, wenn du das Gefühl hast, jemand klammert sich an dich. Auf energetischem Level ist das durchaus der Fall, auch wenn derjenige es nicht realisiert.

Es ist sehr leicht, diese Schnüre zu lösen, aber viele wissen gar nicht, dass sie da sind. Aus diesem Grund ist es eine gute Idee, sie regelmäßig durchzuschneiden, um deine Energie rein und klar zu halten. Wenn du Michael anrufst, kommt er und entfernt sie – aber die Bindungen aus Liebe bleiben dabei bestehen.

SCHWINGUNG DES TAGES
Heute schneidest du die energetischen Schnüre durch,
die dir schaden. Denke daran: Die Bande, die dich
mit deinen Liebsten verbinden, werden immer bleiben,
nur die anderen müssen gehen.
Du kannst es ganz leicht mit diesem einfachen Gebet machen.
Noch effektiver wird es, wenn du dir dabei einen Engel
aus blauem Licht vorstellst, der kommt und die Schnüre
mit seinem Schwert durchschneidet.
»Danke, Erzengel Michael, dass du die Schnüre durch-
schneidest, die mich an Menschen, Orte, Situationen und
Angst binden. Ich lasse das Gewicht der Welt von meinen
Schultern sinken. Ich bin sicher und frei. Und so ist es!«

#Teile deine Schwingung
»Danke Erzengel Michael, dass du mich beschützt.«

☼ SCHWINGUNG 72 – Spirituelle Heilung

Erzengel Raphael ist der Engel, dessen Name bedeutet »Gott heilt«. Er ist der göttliche Arzt, der die Welt mit all ihren Menschen und Tieren heilen will. Er ist auch der Engel, der Menschen auf einer Reise unterstützt – er hilft uns, gesund und glücklich zu bleiben, während wir unterwegs sind.

Heilende Energie ist ein Licht, das in deinen Körper und dein Leben dringen kann. Wenn du die Engel um Heilung bittest, bringen sie sie dir natürlich, aber wie bei allen Dingen können sie dir nur so viel Heilung bringen, wie dich deinem Gefühl nach erreichen kann.

Engel sind grenzenlose Wesen, wie wir auch, aber unser menschlicher Intelligenzlevel kann uns das Gefühl geben, dass die Zahl der Wunder, die in unserem Leben passieren können, begrenzt ist. Als ich gelernt habe, dass wir Engel um Hilfe bitten können, betete ich zu ihnen um Heilung.

Bald wurde mir klar, dass viele meiner Gebete erhört wurden, aber manche auch nicht. Ich meditierte darüber und suchte nach Antworten. Ich wusste, dass ich den besten Weg finden musste, um die Engel um Heilung zu bitten.

Aus Engelbüchern erfuhr ich, dass Engel Wesen des gegenwärtigen Moments sind. Sie konnten uns helfen, die Vergangenheit zu überwinden und das Beste zu erreichen, aber nicht in der Zukunft – es musste in der Gegenwart sein. Mir wurde klar, dass ich Heilung im gegenwärtigen Moment willkommen heißen musste, statt auf die Zukunft zu warten.

Bei Heilung geht es um unsere Fähigkeit, sie zu akzeptieren und zu sehen, dass das Universum und die Engel über eine grenzenlose Quelle davon verfügen. Versuche, über deine Grenzen hinauszugehen, und heiße Heilung im Hier und Jetzt willkommen.

SCHWINGUNG DES TAGES
Heute bist du aufgefordert, Erzengel Raphael und seine
heilende Energie in deinem Leben willkommen zu heißen.

Auf irgendeinem Level – mental, emotional, physisch oder spirituell - tut dir heilende Energie gut. Du kannst bestimmt eine Dosis davon brauchen, und es kann nie schaden, darum zu bitten.

Statt Heilung in die Zukunft zu verlegen, mache dir klar, dass sie hier und jetzt geschieht. Sie ist für dich da und wartet nur darauf, in deinem Leben akzeptiert zu werden.

Heute akzeptierst du sie.

»Danke, Erzengel Raphael, heilende Engel und jeder sonst, der helfen kann. Ich heiße euer heilendes Licht in meinem Körper, meinem Verstand und meiner Seele in diesem gegenwärtigen Moment willkommen. Ich stelle fest, dass ich es verdiene, genährt zu werden, mich erfüllt und wohlzufühlen.

Danke, danke, danke – mein Körper ist der sicherste Ort auf diesem Planeten, und ich lasse meine Schwingung in diesem heilenden Licht aufsteigen. Es fühlt sich so gut an, sich von Kopf bis Fuß wohlzufühlen. Ah! Willkommen, heilendes Licht, willkommen! Und so ist es!«

#Teile deine Schwingung
»Heilung tritt jetzt ein, nicht morgen.«

SCHWINGUNG 73 – Spiritueller Schutz

Reinigen, kräftigen, befeuchten. Das kommt dir bekannt vor, oder? Na ja, so behandele ich meine Energie. Die meisten Leute gehen ziemlich nachlässig mit ihrer Energie um. Dabei glaube ich wirklich, dass es wesentlich ist, sich und seinen Raum zu schützen, wenn du spirituelle Fortschritte machen und deine Schwingungen erhöhen willst.

In eintägigen Workshops wird oft nicht allzu viel Wert auf spirituellen Schutz gelegt, und das stört mich, weil ich möchte, dass es den Leuten gut geht. Also hört mir jetzt zu …

Wir haben uns alle schon einmal erschöpft und bedroht gefühlt, wenn wir einer Energie ausgesetzt waren, mit der wir nicht übereinstimmten, ob das jetzt nun ein Ort oder eine Person war. Viele von uns haben gelernt, wie man sich schützt, aber im Allgemeinen tun wir es viel zu spät.

Ich weiß aus persönlicher Erfahrung, dass ich mich geschützt habe, nur um hinterher festzustellen, dass ich danach erschöpfter war als vorher. Warum? Weil ich die Energie verschlossen habe. Und das hast du wahrscheinlich auch gemacht.

So kannst du das Ganze ändern: Wenn du einer Energie ausgesetzt bist, die nicht auf deiner Frequenz ist, dann erlaube dir, zur Toilette zu gehen und die Schnüre durchzuschneiden – wie in Schwingung 71 beschrieben. Wenn du das getan hast, ist dein Schutz aktiviert. Wenn du dich nämlich nicht zuerst von dem trennst, was dir Unbehagen verursacht, hältst du diese Energie buchstäblich in deinem Energiefeld fest und sie wird sich von dir nähren, bis du völlig erschöpft, müde und ausgelaugt bist.

SCHWINGUNG DES TAGES
Heute bist du aufgefordert, deine Aura zu reinigen,
zu kräftigen und zu pflegen.

So funktioniert es:
☀ *Reinigen: Du schneidest die Schnüre durch, damit du*
frei von der Energie bist. Wenn es sein muss, kannst
du dich entschuldigen und zur Toilette gehen – deine
Energie ist wichtiger als gute Manieren.
☀ *Kräftigen: Sage dir, dass du ein göttliches Lichtwesen*
bist und endloses Potenzial besitzt. Das erhöht deine
Schwingung.
☀ *Pflegen: Rufe das Universum oder deinen Schutzengel,*
deinen Lieblingsheiligen oder jemanden im Himmel an,
dem du vertraust, damit er dich beschützt.
Oder stelle dir ein Kraftfeld in einem Licht deiner Wahl
vor, das dich und deine Aura umgibt.

185

Na los. Mache dein Ding. Wir sind jetzt schon so weit
im Buch gekommen. Du weißt doch, wie es wirkt. Reinige deine
Schwingungen und beschütze dein Licht. Du schaffst es.

#Teile deine Schwingung

»Mich sicher zu fühlen ist mein spirituelles Recht.«

SCHWINGUNG 74 – Spirituelle Nahrung

Wie wäre es mit ein bisschen Spaß? Willst du nicht einmal dein inneres Kind hervorholen? Es gibt Leute da draußen (ich bin ihnen begegnet), die nicht gerne Spaß haben, weil es ihnen in ihrer Kindheit verboten wurde (ich hoffe, dir ist es nicht so ergangen). Ich habe auch Leute kennengelernt, die sich wirklich von ihrem inneren Kind oder ihrer Kindheit abgetrennt gefühlt haben.

Wenn du deine Schwingung erhöhen willst, musst du die Energie deines inneren Kindes anheben. Das Kind ist immer noch in dir, und im Wesentlichen sind wir alle Kinder des Universums, lernen jeden Tag und versuchen, unser Bestes zu tun.

Du kannst jetzt mit deinem inneren Kind arbeiten und die Energie anheben. Dazu ist es nie zu spät – ganz gleich, wie alt du bist oder wie alt du dich fühlst. Dein inneres Kind wird nie verloren sein.

Das innere Kind ist der Teil von dir, der sich die Dinge zu Herzen nimmt und sich überwältigt oder nicht gut genug fühlt. Es ist der kleine Teil von dir, der nicht gerne hört, dass er falsch handelt, weil dich das an deine Kindheit erinnert.

Um deinem inneren Kind bei der Heilung zu helfen, sodass es sich geliebt und unterstützt fühlt, kannst du es in deiner spirituellen Praxis nähren und pflegen. Stelle dir vor, dein sechsjähriges Ich steht neben dir und hat immer noch das Gefühl, »böse« zu sein, nicht »cool genug« oder nicht »gut genug«. Stelle dir vor, dass es nur geliebt werden will.

Selbst wenn du in einer äußerst liebevollen Umgebung und Fami-

186

lie aufgewachsen bist, kannst du immer noch ein bisschen zusätzliche Liebe gebrauchen. Es könnte sein, dass du zu schnell erwachsen werden musstest, weil du deinen Geschwistern oder einem kranken Elternteil helfen musstest, oder dass du in der Schule gemobbt worden bist. Was du jetzt tust, kann diese alte Energie befreien, sodass du fokussierter und mit mehr Spaß vorangehen kannst.

SCHWINGUNG DES TAGES
Heute bist du aufgefordert, einen Selbstliebe-Brief
an dein inneres Kind zu schreiben.
☀ *Schreib einen detaillierten Brief, in dem du dich mit*
»Liebe(r)« und deinem Namen anredest und dir Rat,
Heilung und Akzeptanz anbietest.
☀ *Schreibe die Erfahrungen auf, die dir das Gefühl gegeben*
haben, ungeliebt oder nicht gut genug gewesen zu sein,
und sage deinem inneren Kind, dass die Erfahrungen
sich letztendlich als großartig erwiesen haben
(weil du jetzt großartig bist).
☀ *Sage deinem inneren Kind, dass alles okay ist und*
dass du es liebst – dass du seine Frisur,
seine Kleidung und seine Persönlichkeit liebst.
Gib ihm das Gefühl, geliebt zu sein.
☀ *Dann stecke deinen Brief in einen Umschlag*
und klebe ihn zu.
☀ *Du kannst diesen Brief in deinem Tagebuch aufbewahren.*
Du kannst ihn verbrennen oder in der Erde vergraben.
Tue das, wonach dir zumute ist.
Aber lies ihn vorher noch einmal durch.

Das ist alles für heute. Intensiv, aber gut.
Keine Entschuldigungen. Bring es hinter dich.

#Teile deine Schwingung
»Ich drücke die Energie meines inneren Kindes aus,
da ich weiß, ich verdiene es, Spaß zu haben.«

SCHWINGUNG 75 – Das Karma loslassen

Wir kommen zu dem Punkt in deiner täglichen spirituellen Praxis, an dem du bereit bist, deine spirituelle Verbindung zu erweitern und mehr über die Unterstützung zu erfahren, die es dort draußen in diesem wundervollen Universum für dich gibt.

Wir wissen über Karma Bescheid – das Thema haben wir in diesem Buch bereits besprochen. Wir wissen, dass es das spirituelle Gesetz von Ursache und Wirkung ist. Alles, was du tust, hat eine Wirkung auf den nächsten Teil deines Lebens, weil dein Verhalten ein Ausdruck deiner Anziehung ist.

Ich will es mal einfacher formulieren, auch wenn du wahrscheinlich schon weißt, worauf ich hinauswill. Das Gesetz der Anziehung besagt, Gleiches zieht Gleiches an. Also zieht dein Verhalten ähnliche Erfahrungen oder Energien an.

Es gibt jedoch einen weiteren Aspekt von Karma, über den wir noch nicht gesprochen haben: frühere Leben. Es gibt zwei Arten: Leben, die wir gerne hinter uns lassen möchten, und Leben, von denen wir in Bezug auf die Lektionen, die wir jetzt lernen, profitieren könnten.

Wir können mit Karma oder Erinnerungen an vergangene Leben geboren werden, die unsere Anziehung beeinflussen (manchmal, ohne dass wir es wissen), und das kann uns blockieren, auch wenn wir gar nichts davon wissen. Zum Glück können wir das Göttliche anrufen, damit es uns hilft, dieses alte Karma loszulassen und einen neuen Level der Freiheit zu erreichen.

Ich weiß noch, wie ich einmal eine Sitzung mit einer Frau durchgeführt habe, die Schwierigkeiten hatte, schwanger zu werden. Ich war fasziniert, weil die Ärzte sagten, körperlich sei bei ihr und ihrem Partner alles in Ordnung. Ich war ihre letzte Rettung, um das Problem auf spiritueller Ebene zu lösen. Ich hatte das Gefühl, dass ein Trauma oder eine Angst aus einem vergangenen Leben zwischen ihr und ihrer Fähigkeit, Mutter zu werden, stand.

Ich stimmte mich auf sie ein und stellte fest, dass sie in einem früheren Leben Mutter von drei Kindern gewesen war, die ihr genommen worden waren. Danach hatte sie – von der Gesellschaft ausgestoßen – ein trauriges, einsames Leben geführt. Die Angst, ihre Kinder zu verlieren, war in diesem Leben mit ihr wiedergeboren worden. Diese alte Energie stand zwischen ihr und ihrem Kinderwunsch.

Als ich ihr die Situation erklärte, sagte sie, es käme ihr so vor, als würde sie die Geschichte bereits kennen – etwas in ihr machte ›klick‹, als sie sie hörte. Sie weinte und ließ ihre Emotionen heraus.

Wir konnten ihr Karma durch ein Gebet klären, und als ich dieses Buch schrieb, schickte sie mir ein Foto von ihrer kleinen Tochter. Es ist wirklich wundervoll, dass sie die Situation verändern konnte, indem sie alten Kummer losließ.

Wenn etwas in deinem Leben schiefgeht und du ein Wunder brauchst, kann es gut sein, dass die karmische Energie zwischen dir und deinem Wunder steht. Dann ist es Zeit, das Universum anzurufen.

SCHWINGUNG DES TAGES

Lass heute das Universum wissen, dass du bereit bist, alles Karma aus deinem jetzigen und früheren Leben loszulassen, um deine jetzige Lebensmission zu erfüllen.

Wenn du in der Vergangenheit großen Kummer hattest, wird dieses Karma dir jetzt genommen, ebenso wie alles Karma aus früheren Leben, welches du nicht mehr brauchst.

»Göttliches Universum, Herr des Karmas, danke, dass du meinen Ruf hörst! Ich bin bereit, alle Energiefäden, die zwischen mir und meiner Lebensmission stehen, loszulassen. Danke, dass du alles Karma aus meinem jetzigen und früheren Leben reinigst. Meine Seele ist der reinste Aspekt von mir, und ich bin bereit, dass diese Reinheit durch jeden Aspekt meines Lebens fließt. Ich kläre und lösche alle alten karmischen Bindungen, Energien und Ängste aus meiner DNA, weil es mein spirituelles Recht ist, frei zu sein. Das Karma ist jetzt aufgehoben. Ich trete in eine neue Phase ein. So soll es sein.«

SCHWINGUNG 76 – Der violette Umhang

Es gibt eine Seelenversammlung, die auf der Erde gelebt hat und jetzt vom Himmel aus arbeitet, um Wandel und Heilung in die Welt zu bringen. Viele andere Autoren bezeichnen sie als Aufgestiegene Meister, aber ich nenne sie in der letzten Zeit »die Hüter des Lichts«. Dazu wurde ich in einem Traum inspiriert, in dem ich ein wundervolles Reich besuchte und mächtige, liebevolle Lichtwesen um einen riesigen Tisch sitzen sah.

Einer dieser Meister der Weisheit ist Saint Germain. Er ist der Hüter göttlicher Weisheit, die uns Zugang zu unserem tieferen Wahrnehmungssinn gewährt. Er ist einer der Herren über das Karma, die uns helfen, uns von altem Karma zu lösen. Er ist der Hüter der violetten Flamme. Das ist eine kraftvolle Form spiritueller Energie, mit deren Hilfe wir Beschränkungen überwinden können. Jeder kann sie anrufen, unabhängig von Religion, Glaubensrichtung oder Rasse.

Der Hüter des Lichts war einst offiziell auf der Erde bekannt als Graf von Saint-Germain, ein Adeliger und Philosoph. Es gibt Vermutungen, dass er von königlicher Abstammung sei, aber das konnte nie zweifelsfrei bestätigt werden. Aber er hat auf jeden Fall gelebt und war ein echtes Talent. Er sprach mehrere Sprachen, spielte Musikinstrumente und besaß ein tiefes Wissen von okkulten und spirituellen Dingen.

Da Saint Germain ein Multitalent und spirituell angebunden war, kann er dir helfen, Zugang zu deiner spirituellen Weisheit zu finden und deine Talente auszudrücken. Und nicht nur das, er kann dir auch helfen, so verstanden und akzeptiert zu werden, wie du bist – ganz gleich, wie dein Hintergrund ist.

SCHWINGUNG DES TAGES

Hole dir meisterliche Weisheit von einem Führer, der bereit ist, dir zu helfen. Heute kannst du die Unterstützung und Weisheit von Saint Germain zulassen. Die violette Flamme wird dir dabei helfen, so gut zu sein, wie du sein kannst.

In der heutigen Lektion geht es nicht nur darum, spirituell auf einer möglichst hohen Schwingung zu sein und mit den kosmischen Meistern im Himmel abzuhängen.

Du sollst erkennen, dass du es verdienst, Weisheit zu erhalten, deine Talente weiterzugeben und so anerkannt zu werden, wie du bist, ohne dich verändern zu müssen.

Du kannst Saint Germain jederzeit anrufen.

Wie die Engel ist er ein multidimensionales Wesen, das überall zugleich sein kann.

Du erhältst den violetten Umhang der Weisheit.

Heute ist es Zeit, ihn anzulegen.

☀ *Stelle dir vor, dass du einen hellvioletten Umhang trägst. Stelle dir vor, er sieht so aus wie eines dieser Capes, die du aus den Harry-Potter-Filmen kennst. Lass diesen wundervollen Umhang deinen ganzen Körper bedecken.*

☀ *Dann stelle dir vor, dass die violette Energie des Umhangs in deine Aura einsickert und von dort aus leuchtet.*

☀ *Sage:*

»Danke, Saint Germain, dass du mich in deinen Umhang der Weisheit gehüllt hast. Ich bin bereit, über alle Begrenzungen, die mir auferlegt sind, hinwegzugehen, sodass ich meine Gaben und Talente ausdrücken kann. Es fühlt sich so gut an zu wissen, dass meine innere Weisheit durch deine Führung hervorgehoben wird. Und so ist es!«

#Teile deine Schwingung
»Ich verdiene es, so akzeptiert zu werden, wie ich bin.«

☼ SCHWINGUNG 77 – Kosmische Wahrnehmung

An diesem Punkt genießt du es hoffentlich, bekannt zu sein mit der spirituellen Hierarchie von Führern, Engeln und Lehrern. Sie sind alle bereit, dir zu helfen, weil du auf Seelenebene beschlossen hast, ein Licht für diese Welt zu sein.

Schon bevor du zur Welt kamst, hast du entschieden, dass du positive Kraft im Raum sein willst, dass du deine Traumata heilen willst (sofern du welche hast) und dass du andere inspirieren willst. Beinahe ist es so, als hättest du, bevor deine Seele in deinen Körper kam, mit den Hütern des Lichts an einem großen Tisch gesessen und ihnen gesagt, dass du bereit bist, diese Person zu sein und diese Mission zu erfüllen.

Im Laufe deines Lebens hattest du die Wahl, von dieser Entscheidung abzuweichen. Vielleicht wurdest du auch in die Irre geführt oder bist deiner eigenen dunklen Seelennacht begegnet. Doch wenn du dies liest, weißt du, dass ein SOS-Licht in dir aufgeblitzt ist. Du hast auf den Ruf deines spirituellen Ichs geantwortet und beschlossen, dass du bereit bist, deine Gedanken zu ändern, ein positiver Mensch zu sein und letztlich deine Schwingung zu erhöhen.

Während du deine Schwingung erhöhst, unterstützen dich die Hüter des Lichts. Diese Hilfstruppe tanzt um dich herum. Gerade jetzt ist eine Legion von Engeln bei dir. Es sind Engel des Lichts. Sie antworten auf deine Gebete und leiten dich durch deine Intuition. Sie sind so froh, bei dir zu sein.

Diese Engel können dir helfen, die Welt zu verbessern, und das wirst du heute tun.

SCHWINGUNG DES TAGES
In der heutigen spirituellen Technik geht es ums Dienen.
Du hilfst dieser Welt. Du schenkst gerne, und die Engel wollen
dich dafür ehren. Heute geht es darum, die Lichtengel
mit Menschen, Orten und Situationen zu teilen, die deinem
Gefühl nach ein bisschen Licht brauchen.

Nach dem spirituellen Gesetz der Gnade kannst du diese
Lichtengel zu Menschen schicken, die du liebst oder in Teile der
Welt, die heilende Wunder brauchen könnten.
Damit diese Engel des absoluten Lichts helfen können, musst du
dir nur das reinste, weißeste Licht um die Person, den Ort oder
die Situation vorstellen. Dann sagst du in etwa:
»Unter dem Gesetz der Gnade danke ich euch, Engel des Lichts,
dass ihr in euren Strahlen des Friedens, der Harmonie und der
Heilung die Person oder Situation umfangt! Mögen alle Seelen
von Euren göttlichen Händen berührt werden.«

#Teile deine Schwingung
»Die Engel des Lichts erwarten deinen Ruf!«

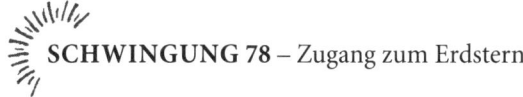

SCHWINGUNG 78 – Zugang zum Erdstern

Das Chakra-System ist ein uraltes spirituelles System, das aus der San-
skrit-Kultur stammt. Die Chakras haben uns geholfen, Zugang zu den
tieferen Aspekten unserer Seele zu erhalten. Wie bereits früher erwähnt, sind neben den traditionell sieben Hauptchakras in jüngster
Zeit noch weitere Chakras anerkannt worden.

Eines dieser Chakras, das besonders wichtig ist, heißt Erdstern. Ich
habe darüber in meinem Buch *Engelgebete* geschrieben. Es fungiert als
Anker, der uns mit der Erde verbindet. Als ich es mir zuerst auf einem
hellsichtigen Level vorstellte, sah ich es als riesigen Kristall in der
Erde. Um mich stärker mit unserem schönen Planeten verbunden zu
fühlen, konnte ich Wurzeln darin schlagen.

Viele Menschen haben in der Spiritualität das Bedürfnis, höhere
Ebenen und unterschiedliche spirituelle Dimensionen für Führung
und Inspiration zu erreichen – und ich verstehe auch, warum! Aber
auch die Erde kann uns auf viele Arten tragen und sie kann uns so viel
Weisheit vermitteln.

Die Erde ist eine weise alte Seele. Sie ist seit Millionen von Jahren hier. Sie ist intelligent und sie weiß, wie sie überleben kann. Sie hat so viel erlebt, und doch scheinen wir sie für Führung und Unterstützung nie wirklich in Betracht gezogen zu haben.

Wenn ich Leuten beibringe, wie sie sich mit der Erde verbinden, rede ich ausführlich über sie und vermittle Techniken wie die Lektionen im Bereich »Erden« dieses Buches, damit die Unterstützung der Erde ins Bewusstsein der Leute dringt.

Die Verbindung mit der Erde macht dich weniger unbeholfen, du gehst mehr in deinen Körper und du entwickelst ein schärferes Bewusstsein dafür, welche Rolle du hier spielst. Du hast dich entschieden, auf die Erde zu kommen, nicht in irgendeine andere Dimension!

SCHWINGUNG DES TAGES

Nimm dir heute Zeit, dich zu erden. Der Zugang zu deinem Erdstern-Chakra erlaubt dir, heilende göttliche Energie und Unterstützung direkt von Mutter Erde anzuziehen. Lass ihre Führung und ihre Weisheit durch Erdenergie in diese einfache Meditation dringen.

🌞 *Stelle dir vor, von deinen Füßen gingen starke Wurzeln zum Mittelpunkt der Erde. Sieh, wie sie durch sämtliche Erdschichten dringen.*

🌞 *Wenn sie am Mittelpunkt der Erde angekommen sind, stelle dir vor, wie sie sich um einen riesigen Kristall schlingen und dich direkt in der Erde verankern.*

🌞 *Hole tief Luft und stelle dir kupferfarbenes Licht vor, das durch die Wurzeln bis zu deinen Füßen und in deinen Körper dringt. Dieses Licht verkörpert die Weisheit der Erde, in die du dich einwählst.*

🌞 *Verbringe einige Zeit geerdet und verbunden. Du kannst an Probleme denken, bei denen du Führung brauchst. Stelle dir vor, dass deine Wurzeln wie Strohhalme Liebe und Unterstützung direkt aus dem Herzen von Mutter Erde saugen.*

�֍ *Wenn du bereit bist, sage:*
»Ich bin verbunden und im Einklang mit Mutter Erde. Danke,
große Mutter, dass du mich in Einklang mit meinem Erdstern
bringst. Ich bin eins mit der Erde und ich bin dankbar für ihre
Unterstützung. Wir sind eins!«

#Teile deine Schwingung
»Es fühlt sich so gut an, sich mit Mutter Erde zu verbinden!«

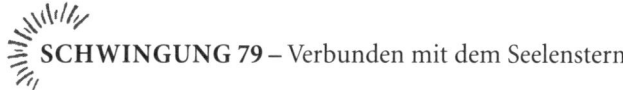 **SCHWINGUNG 79** – Verbunden mit dem Seelenstern

Die Zwillingsenergie des Erdsterns heißt Seelenenergie. Dieses Chakra ist der Raum, in dem du dich mit der Weisheit deines Seelenchakras verbinden kannst, das sich seit Ewigkeiten angesammelt hat. Hellsichtig wird es gesehen (oder visualisiert) als schöner, dreidimensionaler sechszackiger Stern, der mit Magenta- und Regenbogen-Licht leuchtet.

Der Seelenstern ist meiner Meinung nach ein besonderes Chakra, weil er Teil unserer spirituellen Anatomie ist, die uns hilft, uns auf Seelenebene zu erinnern. Ich habe es an anderer Stelle als »Seelenerkennung« beschrieben – wenn du jemandem begegnest und dich gleich bei ihm »zu Hause« fühlst. Der Grund dafür ist, dass unsere Seele sich buchstäblich an einen heiligen Teil von uns erinnert. Das Gleiche geschieht, wenn Menschen eine spirituelle Erfahrung oder eine Offenbarung in einer Kirche haben.

Ich habe Seelenerkennung erlebt, als ich das erste Mal die Engel entdeckte. Das Gefühl der Wärme, Erregung und Verbundenheit war unbeschreiblich. Wenn du dieses Gefühl hast, leuchtet der Seelenstern buchstäblich auf und ist in Einklang mit dir.

Wenn du offen bist für die Verbindung mit dem Seelenstern, kannst du Einsichten, Führung und uralte spirituelle Erinnerungen von deiner Seele herunterladen, die du dann hier auf der Erde verwenden kannst.

SCHWINGUNG DES TAGES

Heute bist du aufgefordert, deinen Seelenstern
zum Leuchten zu bringen, indem du darüber nachdenkst,
wo du in deinem Leben ein Gefühl tiefen
Wiedererkennens hast.
Hast du das Gefühl, jemanden schon aus früheren Leben
zu kennen? Hast du eine starke Verbindung zu einem Liebes-
partner, einem Freund oder Lehrer, der dir das Gefühl gibt,
zu Hause zu sein? Es könnte sogar dein Kind sein!
Gibt es eine spirituelle Praktik oder Technik,
mit der du dich so tief verbunden fühlst, dass sie Bestandteil
eines früheren Lebens gewesen sein muss?
Bekommst du, wenn du an eine Gottheit, einen weisen Lehrer
oder auch an die Engel denkst, Gänsehaut?
Denke jetzt darüber nach, was dir das Gefühl gibt,
angekommen zu sein. Und während du das tust, öffnest du
die Kanäle zu unserem Seelenstern-Chakra.

Dann lege diese Absicht fest:
»Ich bin bereit, Erinnerungen oder uraltes Wissen von meiner
Seele zu erhalten, das für den Weg, auf dem ich jetzt bin,
nützlich und hilfreich ist. Danke, göttliches Seelen-Selbst, das
jetzt erwacht. Ich bin bereit, dich auf einer tieferen Ebene
kennenzulernen.«

#Teile deine Schwingung
»Wenn du jemandem begegnest und du das Gefühl hast,
bei ihm zu Hause zu sein,
dann erinnerst du dich an etwas Uraltes.«

SCHWINGUNG 80 – Lichtberührung

Es gibt einen weiteren Engel, der darauf wartet, dich zu einer höheren Schwingung zu führen: den Engel der Vergebung.

Vergebung ist so wichtig. Das Thema wird in deinem Leben immer wieder auftauchen. Aber das ist auch gut, denn es schafft so viel Raum für Wunder.

Bei Vergebung geht es darum, dass du dich an die Ganzheit deiner Seele erinnerst. Es ist das wahre Erwachen deines ewigen Selbst und das Loslassen aller Geschichten in deinem Leben, die dich nicht zur Liebe führen.

SCHWINGUNG DES TAGES

Die heutige Technik ist einfach. Es ist eine Selbstbefragung.
Frage dich:
☀ *»Wem muss ich vergeben?«*
☀ *»Wo in meinem Leben halte ich an Dingen fest,*
die ich nicht brauche?«
☀ *»Was steht zwischen mir und den Gefühlen der Freiheit?«*
☀ *»Richte ich auf irgendwelche Bereiche in meinem Leben eher*
Wut, als mich auf das zu fokussieren, was mir
das Gefühl gibt, geliebt zu werden?«

Wenn du die Antworten weißt, weißt du, was du tun musst.
Sage:
»Heute bin ich bereit, zur nächsten Phase der Vergebung zu
gehen. Ich erlaube dieser Präsenz und Wahrnehmung, mich
friedlich vorwärts zu geleiten wie eine hell lodernde Fackel.«
Und atme. Weine.
Tue, was du tun musst. Lass alles los!

#Teile deine Schwingung
»Vergebung ist ein Akt der Selbstliebe, weil ich Wut loslasse,
die ich nicht zu fühlen brauche.«

manifestieren

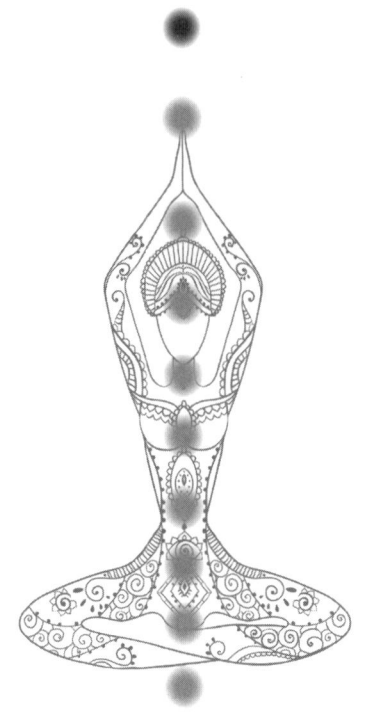

Chakra: Das Sternentor
Sitz: 30 Zentimeter über dem Kopf
Farbe: Tiefes, tiefes Nachtblau/Violett
Elemente: Kosmos

Das Sternentor ist nicht nur ein spirituelles Energiezentrum, sondern ein Lichtstrudel, der uns Zugang zur kreativen Matrix erlaubt, die im Kosmos lagert. Wir sind dann in der Lage, unsere Absichten ins Herz des Universums zu legen, damit sie in unseren Leben erschaffen werden können.

Wenn wir unsere Schwingung immer mehr erhöhen, antwortet das Sternentor bereitwilliger auf unsere Wahrnehmungen, Gedanken,

Handlungen und Energien als bei niedriger Schwingung. Das bedeutet, dass unsere Manifestationsebene viel höher ist als normalerweise. Deshalb ist es wichtig, dass du dir absolut im Klaren darüber bist, was du erschaffen willst.

In den folgenden Lektionen wirst du deine Energie und Wahrnehmung reinigen, um im Einklang mit deinen höchsten Absichten zu sein. Diese drehen sich weniger um besondere Ziele oder Bestrebungen, sondern eher darum, das Leben, das du liebst, wahr werden zu lassen.

 **SCHWINGUNG 81** – Raum zum Geschehen schaffen

Du hast die Fähigkeit, Wunder in deinem Leben geschehen zu lassen. Denke daran, es geht nicht darum, wie groß ein Wunder ist, sondern wie viel Raum du dafür geschaffen hast. Wenn du also eine Absicht erklärst, ist es wichtig, in dieser Absicht Raum zu schaffen. Statt zu fragen: »Wann wird es geschehen?« oder in deinen E-Mails Ausschau nach dieser »Gelegenheit« zu halten, schaffe einfach Raum, damit es geschehen kann.

Manifestation funktioniert reibungslos, wenn das Vertrauen da ist. Aber damit deine Träume wahr werden, musst du Raum schaffen und alles Übrige dem Universum überlassen.

SCHWINGUNG DES TAGES
Du bist aufgefordert, Raum in deinem Verstand zu schaffen,
damit die Saat deiner Träume aufgehen kann.
Wenn du einen Samen in den Garten pflanzt,
gräbst du auch nicht ständig um, um zu sehen,
ob er wächst – du erwartest es ganz einfach.
Also vertraue dem Universum.
Gleichgültig, welche Absicht du gesetzt hast, sie ist
gehört worden, und die Räder dieses mächtigen Universums
drehen sich zu deinem höchsten Besten.

Hier ist eine Affirmation:
»Mein Vertrauen in das Universum schafft Raum,
in dem meine Träume wachsen können.«

#Teile deine Schwingung
»Das Universum liebt es, wenn wir vertrauen.«

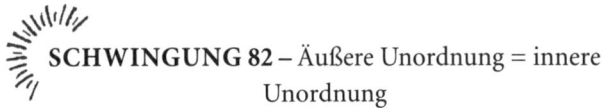

SCHWINGUNG 82 – Äußere Unordnung = innere Unordnung

Alles in deinem Leben repräsentiert deinen Anziehungspunkt. Das bedeutet im Wesentlichen, dass du dich dem Universum so präsentierst, wie du dich um deinen Raum kümmerst, wie du dich in Beziehungen verbindest und wie du dich der Welt präsentierst.

Ist dir jemals aufgefallen, dass die Person mit dem zugemüllten Auto immer zu spät kommt? Dass die Leute, deren Schlafzimmer total unordentlich sind, auch ganz unkonzentriert und durcheinander sind? Dass ein unaufgeräumter Schreibtisch für einen unorganisierten und unvorbereiteten Kollegen spricht?

Äußere Unordnung ist innere Unordnung, und das Universum reagiert darauf.

SCHWINGUNG DES TAGES
Es ist an der Zeit, dass du Raum in deinem Leben schaffst,
indem du alles aufräumst, was aufgeräumt werden muss.
Jede Unordnung, jeder Müll in deiner äußeren Welt
beeinflusst die Energie, die du jetzt hast, und die Energie,
die du in dein Leben bringst.
Du verdienst es, nahtlose Schönheit in deinem Leben zu erleben.
Was kannst du tun, damit dies der Fall ist?
Wo in deinem Leben kannst du die äußere Unordnung beseitigen, damit die innere Ordnung wiederhergestellt wird?
Trenne dich von dem Zeug, das du nicht brauchst

(manchmal können das auch Menschen sein).
Wirf weg, räume auf und werde klar.

Hier ist eine Affirmation, die dir hilft:
»Ich halte mein Leben sauber, um klare Energie zu haben!«

#Teile deine Schwingung
»Äußere Unordnung ist innere Unordnung.
Ich halte meinen Raum sauber!«

SCHWINGUNG 83 – Das »Ich bin« umarmen

»Ich bin« ist eine kraftvolle Erklärung (s. Seite 23). Jedes Mal, wenn du »Ich bin« sagst und dann ein Wort oder einen Satz folgen lässt, ziehst du buchstäblich die Energie, die mit diesem Wort oder diesem Satz verbunden ist, an dich heran.

Was für eine Art von Energie möchtest du anziehen? Wie möchtest du dich fühlen? Wie möchtest du wahrgenommen werden? Wie möchtest du unterstützt werden?

Jedes einzelne Gespräch, das du innerlich und äußerlich führst, beeinflusst, was sich in deiner Welt manifestiert. Alles, was du auf persönlicher Ebene erlebst, ist eine äußere Projektion der Erfahrung, die du auf einer inneren Ebene hast.

Wenn du sagst: »Ich bin«, ziehst du kraftvolle universelle Energie in dein Leben. Benutze diese Aussage, um dich und deine Welt reicher zu machen.

SCHWINGUNG DES TAGES
Heute bist du aufgefordert, dein »Ich bin«-Sein anzunehmen.
Erschaffe sieben sehr persönliche Affirmationen, die deine
Energie hochfahren und dich vom Hocker reißen.

»Ich bin _____ *«*

»*Ich bin* _____«

»*Ich bin* _____«

»*Ich bin* _____«

»*Ich bin* _____«

»*Ich bin* _____«

»*Ich bin* _____«

#*Teile deine Schwingung*
»*Ich bin ein Licht in der Welt!*«

SCHWINGUNG 84 – Kosmischer Tänzer

Jetzt gerade pulsiert das Universum vor Energie. Überall im Kosmos gibt es Wogen von reinem Lichtpotenzial. Wir sind Teil dieses Kosmos und können entscheiden, ob wir in Harmonie mit diesem Potenzial tanzen wollen. Zwar ist der Rhythmus raffiniert und wahrscheinlich auf einem Level, den wir nicht ganz verstehen können, aber es ist gut, sich mit dem Universum auf die Tanzfläche zu begeben.

Wir können in unseren Handlungen, unseren Gedanken und unserem Verhalten mit dem Universum tanzen. Statt ständig zu versuchen herauszubekommen, was als Nächstes passiert, können wir uns einfach im Rhythmus des Universums bewegen.

Es gibt ein altes Bild des Hindu-Gottes Shiva, bekannt als Nataraja, was »kosmischer Tänzer« oder »Herr des Tanzes« bedeutet. Shiva ist mächtig – er ist der Gott, der alle Angst zerstört. In seiner Nataraja-Gestalt ist er ein Mann, im Allgemeinen mit vier Armen, der in einem Flammenkreis tanzt. Das symbolisiert Shiva, der alle Negativität in der Welt zerstört und Raum für Schöpfung macht.

*Wie Shiva, der kosmische Tänzer, kannst du uralte Energie
in dir erwecken, um dich über Begrenzung hinaus
zu bewegen und alle Negativität, die du nicht brauchst,
loszulassen.*
*Lege die Musik auf, die du liebst, und bewege dich dazu
auf eine Art, die sich kraftvoll, stark, energetisch und
fokussiert anfühlt. Stelle dir vor, du tanzt mit dem
Universum. Wisse, dass das Universum um dich
herumwirbelt und auch mit dir tanzt.*
*Konzentriere dich und stelle deine Energie auf das Pulsieren
des Universums ein, damit es dir dabei helfen kann,
dass du von jetzt an mehr Harmonie empfindest und
deinem Weg vertraust.*

#Teile deine Schwingung
*»Heute tanze ich mit dem Universum und ich weiß,
dass es meine Reise unterstützt!«*

SCHWINGUNG 85 – Hindernisse entfernen

Ganesh oder Ganesha, der Elefantengott, ist einer der meistgeliebten
Götter der Welt. Ursprünglich war er eine wichtige Hindu-Gottheit,
aber heute wird er von Menschen auf der ganzen Welt geliebt.

Ganesh wird verehrt, weil er Hindernisse aus dem Weg räumt – er
ist das kosmische Wesen, das wir um Hilfe rufen, wenn uns Blockaden
das Leben versperren, das wir lieben und verdienen.

Ich glaube zwar, dass es unmöglich ist, dass ein Mensch mit einem
Elefantenkopf gelebt hat. Aber es ist für einen großen Weisen oder
Lehrer im Himmel definitiv nicht unmöglich, uns bei der Überwin-
dung von Herausforderungen zu helfen. Für mich ist die Vorstellung
eines Elefantengottes nicht seltsamer als die Vorstellung von Engeln
mit Flügeln – letztendlich ist es nur ein Bild, auf das wir uns hier auf

der Erde konzentrieren können, um eine Verbindung mit himmlischen Mächten herzustellen.

Als ich über den Symbolismus von Ganesh recherchiert habe, war ich erstaunt über die Botschaften. Seine großen Ohren repräsentieren die Fähigkeit, sehr gut zuzuhören, sein Rüssel symbolisiert, dass er sich anpassen kann und effizient ist, sein großer Kopf hilft uns, groß zu denken. Er trägt eine Axt bei sich, um alle Bande oder Fesseln der Angst zu durchschneiden, sein einer Stoßzahn enthält das Gute und lässt das Böse hinter sich. Und es gibt noch viel mehr.

SCHWINGUNG DES TAGES
Heute bist du aufgefordert, Ganesh um Hilfe anzurufen,
damit er dir bei der Entfernung von Hindernissen hilft,
die dir im Weg sind – alles von Verkehrsstaus bis hin zu
stundenlangem Warten, Schlangestehen oder dem Gefühl,
nichts zu schaffen. Was auch immer das Hindernis ist, die
Präsenz und Energie von Ganesh kann dich weiterbringen,
da er alles aus dem Weg räumt.

Dieses Gebet kannst du verwenden:
»Ich danke dir, Ganesh, dass du alle Hindernisse aus dem Weg
räumst, die zwischen mir und meinem Glück stehen.
Ich übergebe dir jetzt alles, was mich von meinem Gefühl
des Friedens und der Zufriedenheit ablenkt. Danke, dass du
mir den Weg zu meinem Neuanfang und meinem erhöhten
Wahrnehmungsgefühl zeigst.«

Du kannst auch den traditionellen Ganesh-Chant chanten:
»OM Gan Ganapataye Namaha.« (Klingt wie: »Ohhh-mmm
Gahhn Gah-nah-pah-tah-yeh Na-mah-ha!)
Frei übersetzt heißt das in etwa: »Erwache, o heilige Macht
von Ganesh, ich heiße dich willkommen!«

#Teile deine Schwingung
»Ganesh ist mein Kumpel!«

☀ SCHWINGUNG 86 – Der rubinrote Strahl

Wir haben in diesem Buch immer wieder von Chakras gesprochen, weil das Chakra-System wundervoll ist, um unsere Energie zu fokussieren. Beim Herzchakra zum Beispiel geht es um Geben und Empfangen. Es wird hauptsächlich grün gesehen. Wir können auch andere Farben vom Universum herunterladen, um unseren Wahrnehmungslevel zu erhöhen. Wir haben Zugang zu unterschiedlichen spirituellen Strahlen, die uns dabei helfen können. Vor allem ein Strahl kann uns helfen, unsere Herzenergie neu einzustellen und wieder zu aktivieren, damit wir im Einklang mit einer göttlichen Liebesenergie sind: der rubinrote Strahl.

Der rubinrote Strahl ist eine spirituelle Energie, die göttliche Liebe repräsentiert. Ein Erzengel namens Chamuel, dessen Name »Der, der Gott sieht« bedeutet, kümmert sich darum. Chamuel hilft uns, das Göttliche in allem und jedem zu sehen.

Wie ein Rubin ist der rubinrote Strahl kostbar und dreidimensional. Er funkelt im Licht. Der Rubin repräsentiert Bindung, unsterbliche Liebe und Leidenschaft. Wenn du den rubinroten Strahl in dein Herzzentrum ziehst, schaffst du Raum in dir selbst, um dich an die göttliche Liebe, mit der du geboren wurdest, zu erinnern, sie wieder zu erwecken und neu zu fokussieren.

Du kannst mit dem rubinroten Strahl jederzeit arbeiten, aber vor allem, wenn du Probleme in Beziehungen hast, unzählige Male von geliebten Menschen im Stich gelassen worden bist und dich selbst mehr schätzen und lieben musst.

SCHWINGUNG DES TAGES
Ziehe heute den rubinroten Strahl in dein Herz. Erkläre die Absicht, deine Erfahrung göttlicher Liebe zu erweitern, und lass dir von Erzengel Chamuel dabei helfen!
☀ *Stelle dir vor, dass ein wunderbarer Engel bei dir ist. Spüre, wie er groß, stark und schützend hinter dir steht.*
☀ *Dieser Engel hat einen Rubin in seinen Händen und legt*

diesen Rubin in dein Herz. Lass diese Energie deinen
Herzraum öffnen und erinnere dich an die göttliche Liebe,
die dich nie verlassen hat.
☀ *Meditiere eine Zeit lang darüber, und wenn du bereit bist,*
sprich dieses affirmative Gebet:

»Danke, Erzengel Chamuel, dass du mein Herzzentrum
mit der Rubinstrahlenenergie verbindest. Ich lasse dieses Licht
in mich eindringen und jeden Aspekt der göttlichen Liebe
in meinem Körper, meinem Verstand und meiner Seele
erwecken. Ich bin bereit für eine Erweiterung auf Herzebene.
Und so ist es!«

#Teile deine Schwingung
»In mir ist eine göttliche Liebe, die ich erwecken möchte!«

SCHWINGUNG 87 – Das Sternentor

Du hast jetzt deine Schwingung stetig erhöht, deine Gedanken auf Liebe gerichtet und deine persönlichen Dramen überwunden. Dieses 111-Tage-Programm ist sicher eine Herausforderung, und wenn du dir ein paar Tage freigenommen oder ein paar Lektionen vergessen hast, mache dir keinen Kopf deswegen. Die Tatsache, dass du es bis zu dieser Lektion geschafft hast, zeigt, dass du deine tägliche spirituelle Praxis durchziehst.

Das Sternentor ist das nächsthöhere Energie-Chakra, mit dem du dich in Harmonie bringst. Es befindet sich direkt über dem Seelenstern-Chakra und repräsentiert deine Fähigkeit, Hilfe vom Universum zu bekommen und Dinge in deinem Leben buchstäblich zu manifestieren.

Ich stelle mir das Sternentor gerne wie eine Mini-Milchstraße vor. Es ist der Ort, der meine Verbindung zum Universum repräsentiert, deshalb stelle ich ihn mir direkt über meinem Kopf vor. Es ist ein spektakuläres Chakra, das uns erlaubt, unsere Träume, Bestrebungen und Ziele zu manifestieren, indem es sie in einen Strudel universeller Energie zieht.

SCHWINGUNG DES TAGES

*Verbinde dich mit deinem Sternentor und mache dich heute
mit der Energie des Kosmos vertraut. Du hast eine Mini-Galaxie
direkt über deinem Kopf, die als Katalysator für deine
Verbindung zum gesamten Universum dient.*

*Du brauchst nichts mit dieser Energie tun, sondern es ist einfach
nur wichtig, dass deine eigene Energie hoch genug ist, um sie
zu fühlen und sich damit wohlzufühlen. Es ist zwar einfach,
sich mit dem Sternentor zu verbinden, aber manchmal kann
sich seine Energie überwältigend anfühlen.*

Erkläre deine Absicht:
»Ich bin bereit, mich mit meinem Sternentor zu verbinden.«
❀ *Meditiere 10–15 Minuten lang. Um geerdet zu bleiben,
setzt du dich am besten auf den Boden.*
❀ *Stelle dir bei jedem Atemzug vor, dass du die Energie der
Sterne buchstäblich herunter in deine Aura holst.*
❀ *Wenn du das weitermachst, siehst du dich nach
etwa 20–30 Atemzügen im Herzen des Universums
hängen (sicher) – in einem Raum voll reinen Potenzials.
Du bist mit der Gesamtheit aller Möglichkeiten verbunden.*
❀ *Wenn du zurückkommst, nimm zur Erdung
die Kindeshaltung ein, trink viel Wasser
und iss ein Stück dunkle Schokolade,
um wieder zur Erde zurückzukommen.*

#Teile deine Schwingung
»Ich bin eins mit dem Kosmos.«

⚡ SCHWINGUNG 88 – Wunder manifestieren

Wenn du dich in Einklang mit dem Sternentor bringst, bist du noch mehr in Harmonie mit deiner Fähigkeit, Wunder in Realzeit geschehen zu lassen. Das heißt, du erklärst deine Absicht und siehst fast sofort ein Ergebnis. Wenn dies nicht geschieht, denkst du vielleicht, du hättest etwas falsch gemacht. Was könnte es sein?

Das einzig Falsche daran sind Zweifel und Ängste, wenn du manifestierst. Aber du kannst sie überwinden, indem du deinen wundersamen Verstand einschaltest.

Der wundersame Verstand ist der Aspekt von dir, der in die Gesamtheit aller Möglichkeiten geht – in diesen Raum des Vertrauens darauf, dass alles passieren kann, ganz gleich, wie groß, wie wahrscheinlich oder wie unheimlich es wäre, wenn es stattfinden würde. Denke daran, das Universum ist ein wundersamer Ort und du verdienst es, noch mehr Wunder in deinem Leben zu bewirken.

Der Wundergeist ist erstaunlich – er vertraut und manchmal erwartet er, aber er teilt auch und gibt ab. Er hat nichts Materialistisches. Es geht eher um die netten Dinge im Leben, die du genießen kannst, während du gleichzeitig offenbleibst für Erfolg und das, was die Welt als »Scheitern« bezeichnen würde.

Wenn du in Wundern denkst, dann vertraust du darauf, dass deine Energie und deine Fähigkeit, in Einklang mit dem Universum zu sein, trotzdem die wundervollsten Veränderungen im Leben mit sich bringen, auch wenn mal etwas nicht »nach Plan« verläuft. Das Wunderdenken ist der Teil von dir, der Zweifel und Angst überwindet – es ist der Teil, der sich entspannt, weil er weiß, dass eine wundervolle Veränderung im Hier und Jetzt eintreten wird.

SCHWINGUNG DES TAGES

»Ich bin eins mit dem Kosmos. Ich lebe in der Gesamtheit der Möglichkeiten. Ich vertraue darauf, dass alles möglich ist. Wunder geschehen ganz natürlich, wenn ich mich auf die Fülle

in meinem Verstand fokussiere. Ich bin voll mit universellem
Potenzial, werde unterstützt und geführt.«

#Teile deine Schwingung
»Der Verstand ist das Medium für Wunder!«

SCHWINGUNG 89 – Zielgerichtete Progression

Du hast wahrscheinlich schon einmal von Rückführung in vergangene Leben gehört (was wir hier nicht machen), aber von Progression in ein zukünftiges Leben hast du vielleicht noch nie etwas gehört. Statt in ein vergangenes Leben zurückzugehen (was funktioniert), geht es mir eher darum, positive Ideen und Absichten *in der Zukunft* zu erschaffen. Schließlich liegt sie vor uns, oder?

In meiner eigenen spirituellen Praxis mache ich Progressionen, indem ich während der Meditation in einen Raum eintauche, der im Zeitraum von fünf bis zehn Jahren in der Zukunft liegt. Ich war 15, als ich zum ersten Mal eine Progression gemacht habe. Ich sah mich auf einer Bühne vor über 1000 Leuten über Engel sprechen. Ich weiß noch, dass ich in der Vision von der Bühne herunterkam und Doreen Virtue, die berühmtestes Engel-Expertin der Welt, direkt auf mich zukam. Ich dachte, meine Fantasie sei mit mir durchgegangen. Nun, das war nicht so – 2013 wurde meine Vision wahr.

Dein Verstand besitzt die Fähigkeit, auch dich in die Zukunft mitzunehmen. Was du siehst, basiert darauf, wie du dich jetzt einstimmst und welche Absichten du hegst. Damals war meine Absicht stark, mit Engeln zu arbeiten. Obwohl ich ein paar Jahre lang von meinem Weg abgewichen bin, wurden meine Absichten erneut stärker denn je, als sich die Vision manifestierte.

Worauf richten sich *deine* Gedanken und Absichten?

Du kannst auch Absichten in deiner Progression erklären! Das Universum liest diese Absichten als etwas, das schon erschaffen ist. Solange sie zu deinem Besten sind, wird es sie erfüllen. Also los!

SCHWINGUNG DES TAGES

※ *Gehe in deine Sternentor-Meditation, wie in der vorigen Lektion beschrieben:*

※ *Stelle dir vor, du schwebst im Kosmos.*
※ *Sage etwas wie »Ich bin bereit, fünf Jahre in die Zukunft zu schauen«, und lass dir von deinem Verstand Ausschnitte von den Dingen zeigen, die in fünf Jahren passieren.*
※ *In der Meditation kannst du einige deiner Ziele für in fünf Jahren formulieren, aber erkläre auf jeden Fall deine Absicht, dass du nicht an einen genauen Plan gebunden bist und darauf vertraust, dass das Universum schon weiß, was das Beste für dich ist. Lass dir so viel Zeit, wie du brauchst.*
※ *Wenn du bereit bist, stelle dir deine Absichten als hellen Stern vor. Setze sie in den Kosmos und dann schicke dein Sternentor ins Herz des Universums.*
※ *Deine Absichten sind gesetzt. Und jetzt vertraue aufs Universum.*
※ *Erde dich, atme, iss und entspanne.*

#Teile deine Schwingung.
»Das Universum lässt die Visionen in deinem Verstand wahr werden – fokussiere gut!«

SCHWINGUNG 90 – Breite deine Flügel aus!

Wenn ich meine Schwingung schwungvoll in Gang setze und mir helfen will, meine Energie hoch zu halten, breite ich meine Flügel aus.

Engelsflügel kannst du mit einer einfachen Absicht und einer Armbewegung ganz einfach mit deiner Aura erschaffen. Ich habe diese Lektion aus meiner Yogapraxis übernommen und sie mit meiner Engelarbeit kombiniert, um eine positive, fließende Bewegung zu erzielen, die dir neben fokussierten Gedanken hilft, dich sicher und kraftvoll zu fühlen, wenn du das Leben manifestierst, das du liebst.

SCHWINGUNG DES TAGES

Heute breitest du deine Engelsflügel aus.
☀ *Lege die Hände in Gebetshaltung auf dein Herzzentrum.*
Sage: »Danke, Engel, dass ihr mein Herz öffnet!«
☀ *Halte die Gebetspose bei, bewege deine Hände zu deinem Halsbereich. Sage: »Danke, Engel, dass ihr mir helft, meine Wahrheit mit Liebe auszusprechen!«*
☀ *Immer noch in Gebetshaltung hebe die Hände zu deinem dritten Auge. Sage: »Danke, Engel, dass ihr mir erlaubt, eine klare innere Vision zu haben!«*
☀ *Dann hebe die Hände hoch über den Kopf. Bewege sie auseinander und zeichne Flügel in die Luft.*
☀ *Sage: »Ich breite meine Flügel aus! Ich bin frei!«*

#Teile deine Schwingung
Ich breite meine Flügel aus und tue, was ich liebe!«

iNTEGRiEREN

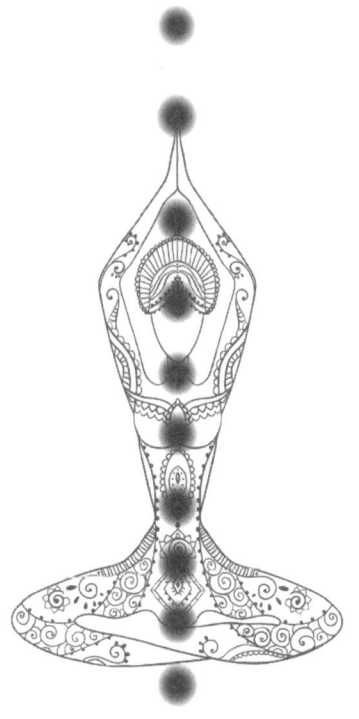

Chakras: Alle

In diesem Abschnitt werden die Lektionen fokussierter, aber auch einfacher. Du bist aufgefordert, tief in die Einfachheit einer täglichen spirituellen Praxis einzutauchen.

An diesem Punkt bist du aufgefordert, alle Lektionen zu integrieren, die du in den vergangenen 90 Tagen gelernt hast, und voll zu übernehmen, dass du die Fähigkeit hast, deine Schwingung zu erhöhen, einfach nur indem du dein Denken veränderst.

Nach jeder Affirmation in diesem Abschnitt, so kurz sie dir auch vorkommen mag, bist du aufgefordert, eine Weile auf deinem Meditationskissen zu sitzen (oder was immer du benutzt), damit das Universum dir alle Führung und Information, die du brauchst, schicken kann.

Lass die Praxis, still dazusitzen und einfach zuzulassen, sich einfach entfalten, damit deine Fähigkeit, dem Universum zu vertrauen, ein natürlicher Aspekt deines Lebens, deiner spirituellen Praxis und Welt werden kann.

Meditationstipp: Halte deine Handflächen dabei nach oben, damit du empfangen kannst.

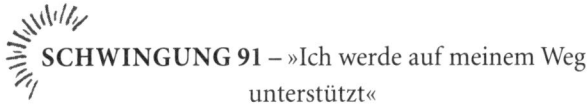

SCHWINGUNG 91 – »Ich werde auf meinem Weg unterstützt«

Die Schwingungslektionen werden hier leichter. Du hast deine Schwingung erhöht. Jetzt ist es Zeit zu integrieren, was du bereits weißt.

SCHWINGUNG DES TAGES
»Ich werde auf meinem Weg unterstützt. Bei jedem Schritt werde ich geführt. Ich bewege mich mit Leichtigkeit im Leben.«

#Teile deine Schwingung
»Jeder Schritt, den ich tue, wird geführt!«

SCHWINGUNG 92 – »Ich bin sicher«

Es ist wichtig zu wissen, dass du sicher bist. Du kannst niemals verletzt oder gebrochen werden – deine Seele ist ewig. Erkläre heute deine Sicherheit.

»Ich bin sicher. Meine Seele ist ewig. Ich bin geheilt und heil.«

#Teile deine Schwingung
»Nichts kann meine Seele davon abhalten zu leuchten!«

SCHWINGUNG 93 – »Ich bin ein Licht«

Wenn du dir ins Gedächtnis rufst, dass du ein Licht bist, strahlt ein ganzes Leuchtfeuer von Energie von dir aus. Engel, Meister und alle universellen Wesen (einschließlich anderer Lichtarbeiter) werden von diesem Licht wie Magneten angezogen, also verbinde dich heute mit deiner Lichtfamilie!

SCHWINGUNG DES TAGES
»Ich bin ein Licht. Ich bin verbunden mit der universellen Lichtquelle. Ich bin eins mit allen anderen Lichtern der Welt!«

#Teile deine Schwingung
»Heute entscheide ich mich dafür zu leuchten!
Willst du mitmachen?«

SCHWINGUNG 94 – »Ich bin stark und entschlossen«

Niemand kann dir im Weg stehen außer du selbst. Heute wirst du daran erinnert, dich auf deine Stärken, deine Gaben und die Richtung, in die du dich bewegst, zu besinnen. Lass Angst, Drama und alles andere, was dich behindert, los.

»Ich bin stark und entschlossen. Ich gehe über alle Grenzen hinweg. Ich fließe frei und mühelos vorwärts.«

#Teile deine Schwingung
»Nur Angst kann dich zurückhalten. Lass sie los!«

SCHWINGUNG 95 – »Ich bin nett zu mir«

Rede so mit dir, wie du auch angeredet werden möchtest. Negative Worte, die du von anderen gehört hast, hast du wahrscheinlich auch schon zu dir selbst gesagt. Jede Negativität von außen kann das Echo deiner eigenen Worte zu dir sein, deshalb solltest du das ändern. Sei freundlich, liebevoll und sanft mit dir, damit auch die Welt es sein kann.

SCHWINGUNG DES TAGES
»Ich bin freundlich zu mir selbst. Ich biete mir die Unterstützung an, die ich bei anderen suche. Es fühlt sich gut an, so freundlich zu sein. Freundliche Gedanken fließen mühelos durch meinen Verstand.«

#Teile deine Schwingung
»Ich bin freundlich im Verstand!«

SCHWINGUNG 96 – »Mir wird vergeben«

Du brauchst nicht darum zu bitten, dass das Göttliche dir verzeiht – es hat dir bereits vergeben. Sobald du einen Fehler machst oder etwas bedauerst, bietet das Universum dir Liebe und Mitgefühl an. Aber kannst du dir selbst verzeihen?

»Ich brauche keine Zustimmung zu suchen, weil das Universum mich bereits liebt. Danke, Universum. Ich akzeptiere, dass mir verziehen ist.«

#Teile deine Schwingung
»Vergebung bedeutet weniger Probleme!«

SCHWINGUNG 97 – »Ich werde akzeptiert«

Du musst wissen, dass du ein vollkommenes Kind der Menschheit bist. deine Engel, Führer und alle, die du im Himmel liebst, lieben dich sehr. Du musst nichts tun oder sein, um sie noch stolzer auf dich zu machen, als sie bereits sind. Sie sind außer sich vor Freude, weil du so positiv wirst wie noch nie in deinem Leben. Gehe heute durch das Gefühl der Akzeptanz in die nächste Welle des Erwachens.

SCHWINGUNG DES TAGES
»Ich werde akzeptiert. Die Engel sehen mich als göttlich an.
Ich werde akzeptiert. Ich entscheide mich,
mein eigenes Licht zu sehen. Ich werde akzeptiert.
Dass ich mich wohlfühle, ist mein spirituelles Recht!«

#Teile deine Schwingung
»Ich werde genährt, indem ich akzeptiert werde!«

SCHWINGUNG 98 – »Ich bin erfüllt von Liebe«

Laut allen spirituellen Techniken ist alles in dieser Welt letztendlich eine Illusion. Du kannst nichts materielles mit in den Himmel nehmen, deshalb ist es wichtig, dass du dich von der einen wahren Energie genährt und erfüllt fühlst, die im Himmel und auf der Erde Macht hat: *Liebe*.

Suche heute Erfahrungen, die dich näher zur Liebe bringen und dieser Energie erlauben, jedes deiner Bedürfnisse zu erfüllen.

SCHWINGUNG DES TAGES
»Ich bin erfüllt von Liebe. Sie ist das einzig wahre Licht in meinem Leben. Ich werde geliebt, bin liebevoll und liebenswert. Überall, wo ich hingehe, erfahre ich Liebe.«

#Teile deine Schwingung
»Liebe ist die Antwort.«

SCHWINGUNG 99 – »Ich bin umgeben von Engeln«

Engel kommen dicht an dich heran, wenn du dich an die Präsenz von Liebe erinnerst. Wie du sind sie Ausdruck des Göttlichen und um dein Wohlergehen besorgt. Wisse, dass deine Engel da sind. Du kannst ihre Präsenz erleben. Rufe sie und fühle ihre liebevolle Führung.

SCHWINGUNG DES TAGES
»Ich bin umgeben von Engeln. Ich bin bereit, ihr Licht zu fühlen. Ich bin dankbar für ihre Präsenz und ihre Führung Tag und Nacht. Schützt mich jetzt, oh Engel der Liebe. Kommt von oben in mein Leben!«

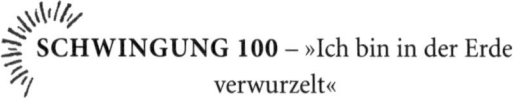

SCHWINGUNG 100 – »Ich bin in der Erde verwurzelt«

Je geerdeter du bist, desto heller kannst du leuchten. Obwohl die Erhöhung deiner Schwingung vielleicht den Eindruck vermittelt, dass du in einer neuen Dimension schwebst, hebst du in Wahrheit nur die Energie an, in der du bereits bist. Also bleib in Mutter Erde verwurzelt – so kannst du andere auf der heilenden Reise, auf der wir uns alle befinden, unterstützen.

SCHWINGUNG DES TAGES
»Ich bin verwurzelt in der Erde. Mein Licht ist verbunden mit dem Herzen der Erde. Ich bin dankbar, hier zu sein!«

#Teile deine Schwingung
»Geerdet zu sein hilft mir, heller in der Welt zu leuchten!«

aktivieren

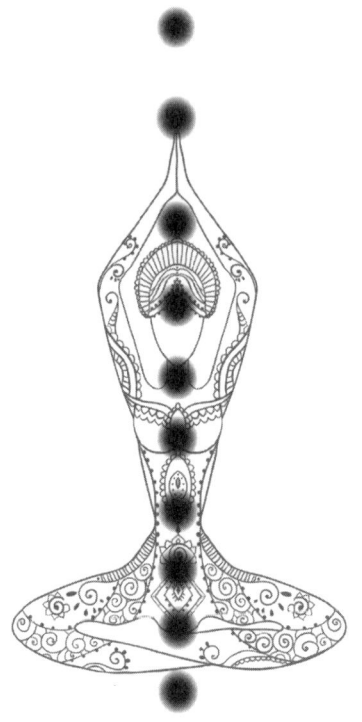

Chakras: Alle

Jetzt ist es Zeit, deine Lichtenergie zu aktivieren. Es geht vor allem um das Erschaffen neuer Muster und Gewohnheiten in deinem Leben. In diesem Abschnitt hebst du alle deine Chakras auf den nächsten Level der Wahrnehmung.

Deine tägliche spirituelle Praxis kultiviert eine Wahrnehmung, die dir hilft, dich so zu verändern, wie du die Welt sehen willst. Wenn sie fokussierter geworden ist, müsstest du mittlerweile Veränderungen sehen können, vor allem, wenn du vor Problemen stehst. Vielleicht hast du in der Vergangenheit eher überreagiert und bist ausgeflippt, wo du jetzt eher einen neuen Weg nach vorne findest.

Eins musst du jedoch wissen: Dieser Weg erfordert viel Mut. Und noch etwas: Engel aus reinem Licht begleiten dich bei jedem Schritt.

Alles, was du in den nächsten elf Lektionen machst, sorgt dafür, dass deine Integration mit einer höheren Schwingung aktiviert wird. Das ist deine Erweckung! Bereite dich darauf vor, heller zu leuchten als jemals zuvor!

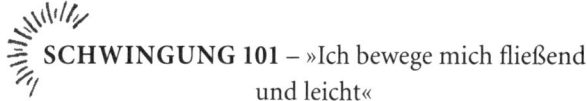

SCHWINGUNG 101 – »Ich bewege mich fließend und leicht«

Bei der täglichen spirituellen Praxis geht es um das Gleichgewicht zwischen Geben und Nehmen. Es geht auch darum, die Mitte zwischen Mühe und Mühelosigkeit zu finden. Denn zu viel Anstrengung kann ein Hindernis auf deinem Weg sein, ebenso kann Mühelosigkeit dich vielleicht übersehen lassen, was du wirklich willst. Die Mitte ist fließend und leicht.

SCHWINGUNG DES TAGES
»Ich bewege mich fließend und leicht. Eine Woge der Fülle
spült über mein Leben. Ich bin offen für alle Ebenen
von Führung und Wohlstand. Das Universum unterstützt
jeden meiner Schritte.«

#Teile deine Schwingung
»Ich gehe mit dem Flow und ich lasse mein Licht leuchten!«

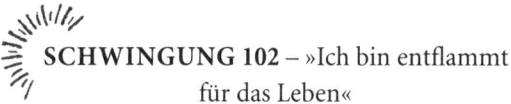

SCHWINGUNG 102 – »Ich bin entflammt für das Leben«

Die universelle Lebenskraft ist ein uneingeschränkter Energie-Pool. Du bist entflammt von der Präsenz des Lichts. Heute bist du aufgefordert, das Licht einzuatmen und deinen Willen zu aktivieren, um dich mit deinem göttlichen Plan verbunden zu fühlen.

SCHWINGUNG DES TAGES
»Ich bin entflammt für das Leben. Ich erlaube meinem Willen, im Einklang mit dem zu sein, was am besten ist. Ich aktiviere mein Licht!«

#Teile deine Schwingung
»Es fühlt sich so gut an, lebendig zu sein! Meine Seele ist entflammt!«

SCHWINGUNG 103 – »Ich bin offen zu empfangen«

Du verdienst Liebe. Du musst nicht danach suchen, schaffe einfach Raum dafür. Heute erhältst du einen Kuss vom Universum. Lass ihn zu, damit er alles das auffüllt, was du gegeben hast.«

SCHWINGUNG DES TAGES
»Ich bin offen zu empfangen. Mein Herz ist offen und empfänglich. Das Universum küsst meine Seele. Ich heiße das unendliche Licht der Unterstützung willkommen.«

#Teile deine Schwingung
»Das Universum gibt, wenn du dich entscheidest zu empfangen.«

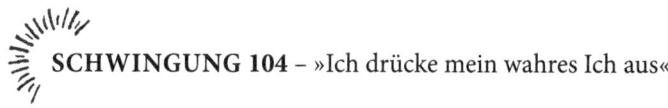

SCHWINGUNG 104 – »Ich drücke mein wahres Ich aus«

Dein wahres Ich ist deine Seele, und letztendlich besteht sie aus einem
großen Bündel Liebe. Natürlich willst du nicht zu flauschig und rosa
erscheinen – schließlich bist du viel mehr (ja klar). Aber es ist an der
Zeit, dass du deine wahren Farben zeigst. Du bist ein wundervolles
Bündel Sternenstaub, universelles Licht und Potenzial! Akzeptiere das
und teile es allen mit. Teile dich heute selbst mit und ehre deine
Schwingungen!

SCHWINGUNG DES TAGES

*»Ich drücke mein wahres Ich aus. Meine wahre DNA besteht
aus Licht. Meine Existenz ist wunderbar. Ich trotze jeden Tag
der Schwerkraft. Ich bin ein unendliches Wesen der Liebe!«*

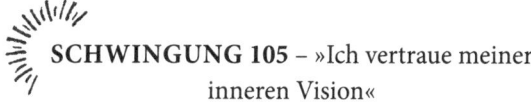

#Teile deine Schwingung
»Meine Essenz ist unendlich!«

SCHWINGUNG 105 – »Ich vertraue meiner inneren Vision«

Dein natürliches Ich kann hellseherisch wahrnehmen. Dein Verstand
teilt ständig Visionen der Unterstützung. Nimm dir heute Zeit zu meditieren, verbinde dich mit deiner inneren Vision. Deine Schwingung
erhöht sich ins Unendliche, wenn du ihrer Führung folgst – die Führung, die immer im gegenwärtigen Moment bleibt.

SCHWINGUNG DES TAGES

*»Ich vertraue meiner inneren Vision. Ich erlaube meinem
geistigen Auge zu erwachen. Ich bin dankbar für
göttliche Führung. Ich vertraue und folge meiner Intuition
mit Leichtigkeit. Meine Seele ist erwacht!«*

SCHWINGUNG 106 – »Ich ehre die Weisheit in mir«

Mittlerweile bist du wahrscheinlich geneigt, deiner inneren Führung zu folgen. Du weißt, dass du ihr vertrauen kannst. Du bist immer auf dem richtigen Weg – du kannst nie davon abkommen. Und du bist aufgefordert, die Weisheit in dir zu ehren. Du weißt, dass du nichts Dramatisches zu tun brauchst. Führung kommt sanft und leise, Schritt für Schritt.

SCHWINGUNG DES TAGES

»Ich ehre die Weisheit in mir. Information und Inspiration werden mir nach und nach gegeben. Ich werde bei jedem einzelnen Schritt geführt. Ich bin auf dem richtigen Weg!«

#*Teile deine Schwingung*

»Du kannst niemals vom richtigen Weg abkommen – jeder Tag ist eine Lektion!«

SCHWINGUNG 107 – »Ich bin Teil des größeren Bildes«

Das Ego liebt es, dich davon zu überzeugen, dass du nicht gut genug bist. Es hat bestimmt einen Plan für dich, wie du besser werden kannst, aber in Wahrheit gibst du schon dein Bestes. Das Universum will dir sagen, dass du Teil des größeren Bildes bist. Du bist ein Katalysator für Wandel und Liebe – und alles, was du tust, beeinflusst die Heilung dieses Planeten positiv.

SCHWINGUNG DES TAGES
»Ich bin Teil des größeren Bildes. Mein positives Sein ist ein
Katalysator für Veränderung. Ich habe jedes Recht, hier zu sein.
Ich akzeptiere Heilung für die Welt!«

#Teile deine Schwingung
»Jeder Schritt, den du in Richtung Heilung machst,
hilft der Welt.«

SCHWINGUNG 108 – »Ich bin eins mit allem, was ist«

Die Zahl 108 ist in vielen spirituellen Traditionen wie Yoga, Hinduismus und tibetischem Buddhismus eine Glückszahl. So viele Perlen haben hinduistische und buddhistische Rosenkränze, die sogenannten *mala*. Es ist auch die Zahl der spirituellen Texte der Upanischaden und der *marma* Punkte, einer Art vitaler Lebenspunkte in der ayurvedischen Medizin. Hinzu kommt, dass die durchschnittliche Entfernung vom Mond zur Erde etwa 108 Mal dem Durchmesser des Mondes entspricht und die durchschnittliche Entfernung der Sonne zur Erde etwa 108 Mal dem Durchmesser der Sonne.

Wir können sagen, dass 108 eine Zahl ist, die alles zusammenbringt. Und Yoga ist die Praktik, die Körper, Geist und Seele vereint, also ist es unsere heutige Technik.

SCHWINGUNG DES TAGES
»Ich bin eins mit allem, was ist. Ich bin aus der Lebenskraft
selbst entstanden. Ich kann diesen Weg nie allein gehen,
weil ich nie allein bin. Ich bin verbunden mit jeder Person,
jeder Pflanze und jedem Tier. Es ist eine Gnade, mit der Quelle
der Schöpfung verbunden zu sein. Es ist eine Gnade,
ein Ausdruck von Licht und Leben zu sein.«

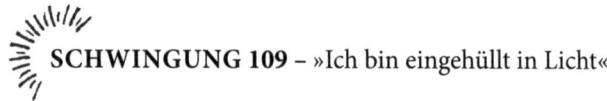

#Teile deine Schwingung
»Wir sind alle eins. Es ist einfach.«

SCHWINGUNG 109 – »Ich bin eingehüllt in Licht«

In Lektion 75 des Übungsbuches von *Ein Kurs in Wundern* heißt es:
»Das Licht ist gekommen. Du bist geheilt und du kannst heilen. Das Licht ist gekommen. Du bist erlöst und du kannst erlösen. Du bist in Frieden und du bringst Frieden mit, wohin auch immer du gehst. Dunkelheit und Aufruhr und Tod sind verschwunden. Das Licht ist gekommen.«

Diese Erklärung verkörpert perfekt, wo du heute stehst. Du hast das Licht in dein System aufgenommen. Du hast deine spirituelle Verbindung verbessert und deine Schwingung erhöht. Heute stehst du hier als Leuchtfeuer aus reinem Licht!

Das Licht ist gekommen, weil du das Licht bist. Heute verneigt sich das Universum in Dankbarkeit. Danke, dass du jenes Licht bist. Heute bist du aufgefordert, von dem Licht eingehüllt zu sein, das du bist.

SCHWINGUNG DES TAGES
»Ich bin eingehüllt von Licht. Ich habe alle Dunkelheit entfernt.
Das Licht ist gekommen. Ich bin ein Feuerwerk aus Licht!«

#Teile deine Schwingung
»Wo auch immer ich hingehe, ich entscheide mich
dafür zu leuchten!«

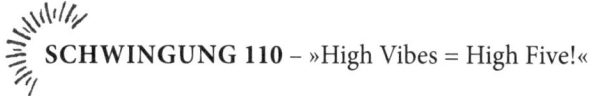

SCHWINGUNG 110 – »High Vibes = High Five!«

Gib mir »High Five« – klatsche mit deiner geöffneten Hand in meine geöffnete Hand. Lächle nicht nur – ich meine es ernst. (Mache »High Five« in die Luft.)

Du hast deine Schwingungen erhöht. Ich hoffe, du weißt, dass du buchstäblich ein Ausdruck deiner Seele geworden bist und das beste Licht, das du zu dieser Zeit sein kannst. Jetzt versammeln sich die Engel um dich und feiern die Tatsache, dass du radikale Veränderungen in deinem Leben bewirkt hast.

Du hast deine Chakras in Harmonie gebracht, hast dich mit dem Universum verbunden, hast jede Negativität losgelassen und dich mit dem Höchsten in Einklang gebracht. Du bist großartig!

SCHWINGUNG DES TAGES

»Meine Schwingung ist hoch. Ich bin eine Oktave nach oben geklettert. Ich bin verbunden mit der höchsten Quelle. Engel sammeln sich um mich und erleuchten meinen Weg. Aufgestiegene Meister und heilige Führer sind jetzt bei mir. Ich fühle mich geführt, hoch und verbunden, während ich den Weg entlang gehe. Es fühlt sich so gut an, sich so verbunden zu fühlen. Dafür bin ich geschaffen!«

#Teile deine Schwingung
»Ich gehe meinen spirituellen Weg nicht, ich tanze!«

SCHWINGUNG 111 – »Ich bin ein Lichtarbeiter – ich habe meine Berufung angenommen!«

»Ja. Du bist jetzt offiziell ein Lichtarbeiter. Du warst es immer schon. Und du wirst es immer sein.«

Auf einer bestimmten Ebene wirst du geehrt. Stelle dir vor, dass dir ein Hüter des Lichts ein Diplom überreicht und dir gratuliert, weil genau das passiert.

Du bist jetzt hier und du hast deinen Ruf akzeptiert. Lass uns diese 111 Schritte mit dieser Botschaft für dich vom Göttlichen abrunden:

SCHWINGUNG DES TAGES

»Ich bin eins mit allem, was ist. Atmen, bewegen, ausdrücken und empfangen. Ich atme Freude ein, ewiges prana, die Energie des Kosmos. Beim Ausatmen teile ich diese göttliche Essenz mit den physischen und nicht physischen Dimensionen um mich herum. Mein Herz ist Teil von allem und vom einen. Es ist der göttliche Kuss auf deine Stirn, und das Blut, das durch deine Organe fließt. Fühle in deiner Mitte, in deinem inneren Feuer, die kosmische Inspiration, die deinen Willen erweckt.

Die göttliche Macht zu verändern und zu erschaffen ist lebendig, bereit zu manifestieren und zu teilen. Du bist ein leuchtender Stern in der Galaxie meines Seins. Es ist deine Zeit, die Welt und das Universum zu erleuchten, weil du das bist: Du bist das Universum.«

#Teile deine Schwingung
»Ich bin ein Stern, der im Herzen des Universums leuchtet!«

DEINE LICHTARBEITER-ERKLÄRUNG

Eine Erklärung ist eine formelle Aussage oder eine Ankündigung. Als Affirmation kann sie deine Energie erhöhen und deine spirituellen Gaben und Fähigkeiten stärken.

Wir können diese Erklärung einmal machen, oder du kannst sie häufig machen (vor allem, wenn du einen schlechten Tag hast oder dein Ego dich quält), um dich daran zu erinnern, dass es einen höheren Zweck für dich gibt. Du kannst sie laut aussprechen oder stumm von dir geben. Du kannst sie in dein Tagebuch schreiben oder auf einen Zettel. Manche Leute schaffen sich gerne ihr eigenes Ritual darum herum, während es anderen ausreicht, die Worte voller Gefühl zu sagen. Suche dir aus, was für dich richtig ist, denn darum geht es in der Spiritualität: dass du deine eigene, einzigartige Beziehung zum Universum, oder wie auch immer du die Quelle deiner Schöpfung nennst, erschaffst. Ich nenne es manchmal einfach nur *Liebe*.

In die leeren Felder trägst du deinen Namen ein.

Wenn du deine Erklärung beendet hast, nimm dir Zeit, zu atmen und zu empfangen.

ERKLÄRUNG EINES LICHTARBEITERS

Ich, _____, bin bereit zu akzeptieren, dass es einen größeren Zweck in meinem Leben gibt. Ich bin bereit zu akzeptieren, dass in mir ein göttlicher Funke Licht ist, der niemals aufhört zu sein.

Ich erkenne an und akzeptiere, dass der Weg eines Lichtarbeiters kein Einzelweg ist. Er wird durch die Anwesenheit des Göttlichen selbst und der Engel des Lichts erhellt.

Ich bin _____

Ich bin ein Lichtarbeiter.

Ich entscheide mich dafür zu akzeptieren, dass ich eine Seele bin. Meine Seele ist widerstandsfähig, stark und geführt. Die Stimme meiner Seele ist laut, klar und unterstützend.

Ich werde getragen von 100 000 Engeln und Erzengeln.

Die Aufgestiegenen Meister, die diesen Weg vor mir gegangen sind, jubeln mir zu, weil sie erkannt haben, dass ich bereit bin, Wandel und Akzeptanz zu inspirieren.

Ich bin _____

Ich bin ein Licht.

Die Welt wird jetzt heller.

Ich entscheide mich dafür, zu diesem Licht beizutragen.

Ich entscheide mich dafür, dieses Licht zu sehen und anzuerkennen.

Da das Licht von Lichtarbeitern sich zu einem vereint, mögen alle Bedürftigen vom Frieden berührt werden, den wir in unseren Herzen fühlen. Mögen sie Freude und Akzeptanz in ihrer Welt erfahren.

Wir sind das Licht.

In Gnade akzeptiere ich die Mission eines Lichtarbeiters und erkläre, dass ich meinen Ruf gehört habe.

Ich danke euch, Engel, dass ihr meinen Weg erleuchtet. Danke, Lehrer und Lichtarbeiter, die aufgestiegen sind. Ich heiße eure Führung und Unterstützung willkommen.

Ich danke dir, große Quelle der Schöpfung. Ich bin froh, dass wir dies zusammen machen.

Und so ist es.

Danksagungen

Ich bin super dankbar, dass ich schon mein fünftes Buch mit der Welt teilen kann – und es fühlt sich so gut an. Ich möchte allen bei Hay House danken, dass sie mir die wundervolle Chance geben, meine Vision mit der Welt zu teilen und letztendlich meinen Traum zu leben.

Besonderer Dank gilt Michelle Pilley, der unglaublichen Cheflektorin bei Hay House UK, da sie für Leute wie mich einen Raum schafft, damit wir tun können, was wir tun. Michelle, du bist so ein Segen!

Haufenweise gute »Vibes« für Lizzie Henry (meine Lektorin/meine Wort-Zauberin/mein irdischer Engel), Leanne Anastasi für das unglaubliche Cover und die Innenausstattung (die Zaubersternchen um jede Überschrift sind soo cool!) und Julie Oughton, weil sie alle Vorschläge berücksichtigt und an der richtigen Stelle untergebracht hat.

Liebe und Dank gilt Jo Burgess, Ruth Tewkesbury (»love u«) und Tom Cole für die Pressearbeit und Unterstützung in den sozialen Medien – ich liebe es, dass ihr mich alle in den Hintern tretet, wenn ich es brauche. Danke auch an Jessica Gibson, weil sie mir bei der Schaffung und Weiterentwicklung meiner Sprecher-Plattform geholfen hat – du bist großartig!

Ich möchte mich an dieser Stelle auch bei Greta Lipp und der gesamten Familie Wrage bedanken, weil sie mir so sehr dabei helfen, meine Vision und Ideen in den deutschsprachigen Ländern zu verbreiten – ich habe eine ganz neue europäische Familie, die ich großartig finde.

Danke, ihr Engel, dass ihr mich täglich mit eurer Anwesenheit beglückt, mich an das Licht erinnert und mir helft, so hell zu leuchten. Ihr seid meine spirituellen Kumpel, und ich werde nie aufhören, davon beeindruckt zu sein, wie viel Liebe ihr mit der Welt teilt. Danke, danke, danke.

Vor dem Universum verneige ich mich demütig. Du bist meine Essenz; du bist das Licht im Licht und alles, was ist. Danke, dass du mich jeden Tag aufs Neue beglückst. Das ist sooo cool.

Und schließlich danke ich meiner Mum, weil sie für mich das Geschäftliche regelt – du tust alles für mich und hilfst mir, der zu sein, der ich heute bin. Ich liebe, liebe, liebe, liebe dich!